\\ いちばんやさしい //

身近な人が亡くなった後の手続き・届け出

阿部尚武＋西尾浩一＋石倉群恵 [著]

ナツメ社

大切な人が亡くなった後の手続き

生前 → 死亡

葬儀・法要・お墓関連

情報収集	喪主決定・準備 P48	葬祭扶助の申請 P50	通夜・葬儀・告別式 P39

年金・保険他、各種手続き

遺言・エンディングノートの作成 P212 P218	情報収集	死亡届 P44	火葬許可申請書 P46	年金支給を止める P52	健康保険・介護保険の資格喪失手続き P55 P59	世帯主変更 P61

税金・相続関連

生前贈与 P220

事前に把握しておきましょう

一週間

1ヵ月以内

初七日
P42

さまざまな形の供養の方法があります

お墓の購入など
P83

児童扶養手当
P114

銀行口座・証券口座の停止
P68

生命保険・団信保険手続き
P122
P124

公共料金などの解約・変更手続き
P66

クレジットカードの解約
P67

サブスク・スマホ・インターネットなどの解約
P70

わからないことは専門家に相談すると安心！

大切な人が亡くなった後の手続き

3ヵ月以内

葬儀・法要・お墓関連

四十九日 P78

納骨 P85

四十九日法要が終わったタイミングで納骨の儀式を行うケースが多いです

年金・保険他、各種手続き

遺言調査・遺言書検認 P143

SNSのアカウントやデジタル遺品を整理する P72

高額な医療費・介護サービス費の払い戻し P128 P131

税金・相続関連

相続人調査 P140

相続財産の調査 P145

準確定申告の確認 P88

相続放棄 P152

準確定申告の期限 P88

と届け出の主な流れ

6ヵ月以内	1年以上

法要には中陰法要と年忌法要があります

一周忌
P78

事業引き継ぎ・廃業
P92

旧姓に戻す
P133

未支給年金の請求
P112

葬祭費・埋葬料の請求
P126

遺族年金関係手続き
P95

相続税申告有無の確認
P161

遺産分割協議
P148

相続税申告
P195

遺留分侵害額請求の期限
P207

法定相続情報証明制度 【平成29年より】

　銀行などの相続手続きでは、故人の戸除籍謄本等の束を、各窓口に何度も出し直す必要がありましたが、法務局で法定相続情報一覧図の写しに認証文を付してもらうことにより、それ一枚を窓口に出せば戸除籍謄本等の束の代わりになるという「法定相続情報証明制度」が、平成29年5月より始まっています。

139ページ参照

自筆証書遺言書の保管制度 【令和2年7月開始】

　自筆証書遺言は、遺言者本人が遺言書の全文、日付及び署名を自書して捺印をすれば一人で作成できますが、死亡後に発見されなかったり改ざんされるなどのリスクがあります。**遺言書を法務局に預けることでそのリスクを回避し、さらに家庭裁判所による検認が不要になる画期的な制度**が令和2年7月より始まっています。

215ページ参照

相続等により取得した土地所有権の
国庫への帰属に関する法律

【令和5年4月27日開始】

　相続した土地について、「遠方なので利用する予定がない」などの理由で土地を手放したいというニーズが高まっています。そこで、**相続（遺贈）によって土地を取得した相続人等が一定の要件を満たした場合、土地を手放して国庫に帰属させることを可能とする「相続土地国庫帰属制度」**が創設されました。

191ページ参照

•遺産分割前の相続預金の払戻制度

【平成31年7月より】

　民法改正により、**遺産分割が終了する前でも相続人となる人が当面の生活費や葬儀費用の支払いなどお金が必要になった場合に、被相続人の預金口座から払戻しが受けられるようになりました**（払戻しが受けられる金額には上限があります）。払戻しの制度は大きく2つあり、家庭裁判所の判断を受けて払戻しを受ける場合と、家庭裁判所の判断を経ずに払戻しを受ける場合があります。

63ページ参照

•住宅取得資金の特例

【令和5年12月末まで】

　父母や祖父母から住宅を取得するために贈与を受け、消費税10％が適用される住宅（その敷地も含みます）を購入し居住の用に供した場合で一定の要件をみたすときは、贈与税がかかりません。

　非課税金額は500万円ですが、省エネ等住宅で一定の証明書等がある場合には1,000万円まで非課税となります。建物は新築・中古どちらも要件を満たせば可能です。増改築の費用も要件を満たせば対象になります。さらに別枠で、贈与税の基礎控除も使えます。

229ページ参照

•相続時精算課税制度

【令和5年度税制改正予定】

　相続時精算課税とは、**生前贈与には少ない贈与税を課し、その財産に相続税を課税して贈与税を精算する制度**です。令和5年度税制改正が成立した場合、令和6年の贈与から、相続時精算課税にも基礎控除（110万円）が認められることになります。また、この贈与により相続税の課税対象が、財産の価額から110万円を控除した後の金額となります。一般贈与と相続税精算課税贈与の節税的な差がなくなり、相続時精算課税がさらに使いやすくなります。

223ページ参照

●相続登記の申請の義務化【令和6年4月1日開始】

　相続登記については、これまでは相続人の任意であり、長期間登記がなされず、その間に相続人が増えてしまうというリスクがありました。その解決の一環として、**令和6年4月1日より、相続によって不動産を取得した相続人は、その所有権の取得を知った日から3年以内に相続登記の申請をしなければならないこととされました。**

185ページ参照

●教育資金の一括贈与　【令和8年3月末まで】

　主に子や孫の教育資金に充てるために信託契約をした場合、その信託財産のうち1,500万円までの金額は、贈与税がかかりません。

　ただし、相続開始時に、その子や孫が23歳以上で一定の場合には、亡くなったときにおける信託財産の残額の一部が、相続税の課税対象になります。また、令和5年度の税制改正が成立すると、亡くなったご本人の相続財産が5億円以上の場合は、たとえ23歳未満であっても残額の全てに相続税が課税されます。

231ページ参照

●遺族基礎年金の故人の要件の特例

【令和8年3月末まで】

　故人が原則的な支給要件を満たしていない場合でも、死亡日が2026年3月31日までであれば、死亡日の前日において、死亡日の属する月の前々月までの1年間に保険料未納の被保険者期間がなければ、遺族基礎年金が支給されます。

99ページ参照

特に気をつけたい手続き

・死亡届

44ページ参照

　死亡届は、死亡の事実を知った日から7日以内に提出しなければなりません（国外で死亡した場合は、その事実を知った日から3ヵ月以内）（戸籍法第86条1項）。期限内に死亡届を提出しない場合は、5万円以下の過料が課せられます。

・世帯主変更

61ページ参照

　世帯主が死亡した場合は、14日以内に住民票のある市区町村へ世帯主変更届を提出しなければなりません。正当な理由がなく提出期限を守らなかった場合は、5万円以下の過料が課せられます。届け出を行う人は、新しい世帯主でなくても構いません。

・分骨証明書なしの埋葬

86ページ参照

　遺骨を埋葬する際、2ヵ所以上の場所に納骨したい場合は、分骨証明書を発行してもらわなければなりません。分骨証明書がないまま埋葬してしまうと、死体遺棄罪になってしまいますので注意しましょう。分骨証明書は火葬場等で発行してもらえます。

・自宅での埋葬

86ページ参照

　遺骨を自宅の庭や所有地に埋葬するのは、墓地、埋葬等に関する法律で禁止されています。埋葬または焼骨の埋蔵は、墓地以外の区域では認められていません。自宅の庭等に埋葬してしまうと、1万円以上2万円以下の罰金または勾留もしくは科料に処せられます。

わからないときに頼る専門家は？

・税理士 → 相続関連

税理士は、税金や確定申告の専門家です。主に相続関係で困ったら税理士に相談するようにしましょう。相続税の申告期限と納付期限は、故人の死亡日翌日から原則10ヵ月以内になっています。この短い時間の中で複雑な税金の勉強をして自分で処理するのは難しい場合も多いでしょう。無理だと感じたら、プロに頼るのが安心です。

・司法書士・行政書士 → 相続手続き代行

相続手続きを代行してくれるのは、司法書士や行政書士です。税金関係を行う税理士と連携して、実際の手続きを行ってくれます。司法書士や行政書士が担ってくれる業務範囲は各々違うので、自身のケースを相談してみましょう。

・社会保険労務士 → 年金・社会保険関連

相続において社会保険労務士が得意とするのは、公的年金や社会保険の給付関連の手続きです。遺族年金や未支給の年金の手続きと健康保険についての相談などで頼ることが多いでしょう。

・弁護士 → 調停・交渉

相続関連ではあらゆるトラブルが発生します。当人同士で解決が難しい場合、裁判調停に発展しそうな場合や交渉が拗れた場合は、弁護士に相談しましょう。

まずはここを確認！ 死後の手続きでよく使う書類

● 死亡診断書 44ページ参照

故人が亡くなったことを証明する書類です。公的年金関連や保険関連、銀行口座の凍結などさまざまな場面で必要になります。

死亡診断書は、死亡時に病院や介護施設で発行されます。発行料金は各病院によって違いますが、数千円程度の場合が多いです。再発行もできます。

● 住民票、住民票除票 138ページ参照

故人の最後の住所を確認するため、また相続人の現住所を確認するために取得します。

手続きによっては、本籍、筆頭者、続柄、世帯主、マイナンバーが求められる場合もあるので、申請書にチェックを忘れないように入れてください（それらは**通常省略されて発行**されます）。

また、生存されている方の場合、「世帯全員」の住民票が必要なのか、個人のものでいいのかも要確認です。また、住所が繋がらない、住所の変遷を確実に追いたい場合は、本籍地において戸籍の附票（除附票）の取得が必要な場合もあります。

住民票は、住民票内の全員が転出、死亡などにより消除されると**除票**となります。除票は、法令が改正され、令和元年6月20日より保管期間が150年間になりました。ただし、すでに保存期間を経過してしまっているもの（自治体によって改製時期は異なる）については、発行できません。これは戸籍の附票（除附票）でも同様です。

なお、法令が改正され、令和4年1月11日より戸籍の附票に性別・生年

月日が新たに記載されるようになっています。また、原則として本籍・筆頭者の記載が省略されるので、これらの項目の記載を希望する場合は申請書にチェックをしましょう。

●戸籍（除籍・改製原戸籍）謄本 138ページ参照

故人や相続人の本籍地で取得可能です。

■戸籍謄本（戸籍全部事項証明書）

戸籍に記載されている全員の身分事項を証明するものです。戸籍の基本単位は夫婦と未婚の子となります。

■除籍謄本（除籍全部事項証明書）

戸籍の中の人が、全員死亡や婚姻などの事情で除かれてしまったものを指します。

■改製原戸籍

法令の改正によって、戸籍を新しく作り変える際に元となった戸籍です。現在までに何回か戸籍簿の様式変更がありましたが、現在は全ての自治体で戸籍の電算化が完了しています。

相続手続きでは故人の出生から死亡までの全ての資料を求められることも多いので、どの手続きにどこまでの資料が必要なのかはよく見極める必要があります。自治体によっては、申請書に「●●の相続で本自治体で取得可能な全ての資料」などのチェック欄が設けられているところもあります。

・印鑑証明書

138ページ参照

　印鑑証明書は、正式には「印鑑登録証明書」という名称で、居住地の自治体に登録されている印影に間違いないことを証明する書類です。この印影の印鑑が、いわゆる「実印」と呼ばれるものです。

　遺産分割協議書や金融機関に提出する相続届けなどには、実印の押印が求められますので、印鑑登録をしていない場合は、本人が役所に出向いて手続きをしなければなりません。登録に用いる印鑑は、**一辺の長さが8mm～25mmの大きさで、住民基本台帳に記載された「氏」や「名」で刻印されたものであることが条件**です。登録をすると、印鑑登録証（カード）が発行され、印鑑証明書を取得する際に必要となります。

MEMO

印鑑登録をしていない場合

印鑑登録をしていない場合は、先に実印を登録します。印鑑登録が受理されると「印鑑登録証」（カード）が発行されます。

MEMO

コンビニ交付サービスを利用する

コンビニ交付サービスで戸籍謄本などを取得する際には、各コンビニのマルチコピー機を利用します。利用の際にはマイナンバーカードが必要になります。

手続き・届け出のチェックリスト

■ 数日以内にすること

- [ ] 死亡診断書を手配して死亡届を出す（P44）
- [ ] 火葬許可申請書の提出（P46）
- [ ] 葬儀を行う（P48）
- [ ] 葬祭扶助の申請（P50）
- [ ] 公的年金の停止の届け（P52）
- [ ] 健康保険の資格喪失手続き（P55）
- [ ] 介護保険の資格喪失手続き（P59）
- [ ] 世帯主変更（P61）
- [ ] 預貯金の払戻し（P63）

■ 法要・お墓関連の手続き

- [ ] 法要の手配（P78）
- [ ] お墓をどうするか考える（P80）
- [ ] お墓の決定、購入など（P83）
- [ ] 納骨を行う（P85）

■ 戸籍関連・解約関連

- [ ] 旧姓に戻す（P133）
- [ ] 婚姻関係を終了する（P135）
- [ ] 公共料金などの解約・変更手続き（P66）
- [ ] クレジットカードの解約（P67）
- [ ] 銀行口座・証券口座の停止（P68）
- [ ] サブスク・スマホ・インターネットなどの解約（P70）
- [ ] 免許証・パスポート、マイナンバーカード等の返却手続き（P75）
- [ ] SNSのアカウントの整理（P72）

■ 年金や保険等の諸手続き

- [ ] 故人の事業を引き継ぐ（青色申告）（P92）
- [ ] 遺族基礎年金の手続き（P99）
- [ ] 遺族厚生年金の手続き（P101）
- [ ] 寡婦年金と死亡一時金の手続き（P108）
- [ ] 未支給の年金の請求（P112）
- [ ] 児童扶養手当の申請（P114）
- [ ] 労災の申請（P116）
- [ ] 住宅ローンの団信保険の手続き（P122）
- [ ] 保険金の受け取り（P124）
- [ ] 葬祭費、埋葬費の申請（P126）
- [ ] 高額医療費の払い戻し（P128）
- [ ] 高額介護サービス費申請（P131）

■ 相続関連

はじめに

　この本を取っていただいた方は、きっと初めての相続が近いうちに発生すると感じている方々がほとんどだと思います。なにせこの本のタイトルが、『いちばんやさしい 身近な人が亡くなった後の手続き・届け出』です。相続とは、ほとんどの方に経験がない一方で、ほとんどの方が経験し、もしくはこれから経験する点が特徴です。そのため、全ての方々が避けて通れないと考えております。

　重要なことは、財産ではなく家族の関係です。後世の見本となるべく家族の関係を引き継ぎ、その関係を継続することだと考えます。相続があった時には、是非ご両親の生きた軌跡に思いを馳せ、残された家族が幸せに暮らせるよう、一所懸命に時間を取ってほしいと思います。届け出や作法、遺産整理などのいわゆる手続きは、本質的でなく重要ではありません。本質的でない部分はこの本を参考にしながら手を抜いて頂き、本当に大事なものにいっぱい時間を割いて頂きたいという思いから、この本を執筆いたしました。

　また、後世のご苦労を少しでも減らしたい方々にもお役に立てるよう、書き方にも工夫しましたので、これから相続を迎える方々の一助になれば幸いです。

　最後にこの本を手に取って頂いたあなたに、まずは御礼を申し上げたいと思います。本当にありがとうございました。このご縁が皆様にとってお役に立てることを切に願っております。

　また、私たちに新たな経験をさせてくれるチャンスをもたらし、時には厳しく、時には優しく私を導いてくれた、古くからの友人でもある山田稔様にこの場を借りて厚く御礼を申し上げます。誠にありがとうございました。

税理士・阿部尚武

CONTENTS

第1章 **死後の手続きと届け出の
基礎知識**

第2章 **数日以内にすること**

第3章 **1ヵ月以内に
やりたい手続き**

第6章 **1年をめどに行いたい
相続**

第7章 **自分が死ぬ前の
準備をする**

免責事項

- 本書は2023年1月現在の情報を元に執筆しています。各情報や手続きの内容、法律などは変わることもあるので、最新の情報を調べ、それに従うようにしてください。
- 手続きは地域や各市区町村、団体、時期によって変わることがあります。それぞれ公式の指示に従い、手続きするようにしてください。
- 本書の作成に際して細心の注意を払っておりますが、万が一損害が生じても出版社及び著者は責任を負いかねますので、あらかじめご了承ください。
- わからない手続きは、専門家に相談して行うようにしてください。

死後の手続きと
届け出の基礎知識

第1章 01 相続はお金持ちだけのものではない

対象 全ての相続人

●資産を引き継ぎ、税金を払うだけが相続ではない

　家族が亡くなると、気持ちの整理をつける間もなく葬儀の手配をはじめなくてはなりません。誰を呼ぶのか、どこでやるのか、どのような形式で行うのかなど、おおよそ経験したことのないものばかりです。葬儀社や知人・友人、親戚縁者等のアドバイスに振り回されながら、あっという間に四十九日まで過ぎてしまうでしょう。その後、いよいよ遺産整理が始まります。遺産整理とは、一般的には次の3つのことを行います。

■遺産整理とは？

1．故人が持っている全ての財産（遺産）を明らかにすること
2．遺産を相続人や受遺者※に引き継がせること
3．遺産が一定以上の価額の場合には、相続税の申告をすること

※受遺者とは、遺言により故人から遺産を引き継ぐよう指定された人のこと。相続人以外でも受遺者になる場合がある。

　このように、遺産整理は金融資産を引き継ぐことに限りません。相続は、お金持ちがやるべきことと思っている人が多いようですが、**全ての方に相続の手続きが必要になります。**
　故人は亡くなるまでは一人の人間として社会に関わりながら生活をしていたはずです。生活を営むためには様々な財産や人間関係を構築していたでしょう。社会生活を行っていれば故人が有している財産（遺産）は必ずあるはずです。これらを清算し、残された家族が安心して元の生活に戻るまでが相続といえるでしょう。

●財産だけでなく、人間関係も引き継ぐ

　残された相続人が故人の葬儀などの手続きを行い、故人が生前の活動により築いた財産（遺産）を引き継ぎ、残された家族が安心して元の生活に戻るまでの一連の手続きが、いわゆる相続です。

　しかし、故人が築いたものは財産だけではなく、人間関係や家族関係もあります。配偶者や子どもはもちろんのこと、仕事の繋がり、地元や自治会、趣味があれば趣味の仲間との関係もあるかもしれません。これらの方々にも**きちんと亡くなったことをお伝えすることで、残された家族の方々が安心してその後の生活を送ることができれば、相続人の方々の不安や手間も減ることになるでしょう。**

●相続は故人の総決算のようなもの

　前述の通り、相続の手続きを行うことによりいろいろな形で故人の生前の活動などに触れる機会があります。故人がどのような活動をし、どのような方と出会い、どのように家族と過ごしてきたかがわかることになるでしょう。相続は、いわばその故人の総決算です。

　相続税の申告の際に、**『お亡くなりになった方の略歴書』**（76ページ参照）を求められます。これは故人の住所や職歴などを記載する書類です。住所や職歴から、どのような遺産がいつごろ形成されたかを知る手掛かりとすることが目的のようです。

MEMO

相続がなくても略歴書を作成してみましょう
私が申告書を作成する際には故人の出生から逝去までの年表を相続人の方と一緒に作成します。この作成を通じて、子どもが知らなかった故人の性格や思いがわかることがよくあります。申告が不要でも、故人の略歴書を作成してみてはいかがでしょうか。もちろんエンディングノートなどを使って、生前に作成してもかまわないと思います。きっと残された方々のお役に立つはずです。詳しくは76ページを参照ください。

身近な人の死後、やることに優先順位をつける必要がある

● 手続きには優先順位をつける

　身近な人の死後、すぐに動かなければならない手続きと、落ち着いてから徐々に動いていくべき手続きがあります。まずは、それらの手続きに優先順位をつけなければなりません。

　本書では、各種の手続きをジャンル別ではなく締切順で紹介しています。例えば、「死後すぐに死亡診断書を入手して死亡届を出す」ということは一刻も早く行わなければなりません。それに付随して、葬儀の手配、公的年金の停止など、締切は次から次へとやってきます。

● ペースがつかめてくると余裕が出てくる

　最初はやるべきことが次々にやってきて戸惑うかもしれませんが、そのうちにペースがつかめてくると、「この書類はあちらでも使い回しができるかな」など、余裕が出てきます。そして、**これは自分たちではしんどいな**と思うことは専門家の手を借りることも一考です。もちろん費用がかかることなので、闇雲には依頼できませんが、費用対効果を見極めたうえで、思い切って任せてしまう勇気も必要です。

　本書を活用して、時系列に沿って、相続人同士が揉めることなく、誰にも過度な負担がかからない形で一つ一つ確実に進めていきましょう。

MEMO

「相談先」を参考に
本書では、巻頭と各節の最初に「相談先」を紹介しています。誰に相談していいのかわからないときは参考にしてください。

生きているうちに情報を
一括にまとめておくとラク

対象　全ての相続人

●共有しておきたい相続に関する情報

■不動産

できれば**権利証（登記識別情報通知）**の保管場所を把握しておきたいところです。その他、固定資産税の納税通知書にも不動産の所在、地番、家屋番号が記載されているので、納税が済んでもきちんと保管しておくことが大事です。なお、**納付書での納付なのか、金融機関引き落としになっているのかも確認**しておいたほうがいいでしょう。

■金融機関

預貯金通帳は、場所を分散させず一箇所に保管するほうが、後の捜索には便利に思われますが、セキュリティの問題もあるので一概には言えないところです。ただ、通帳のある（預金のある）金融機関については、支店名、口座番号、預金の種類などをエクセルなどで一覧にまとめておくとよいでしょう。

■株、投資信託、貴金属積立など

証券会社などから定期的に取引残高報告書や運用報告書が郵送されるので、会社ごとにきちんとまとめておきましょう。また、預貯金にもいえることですが、郵送ではなくインターネットでのお知らせのみの会社もあるので、このような会社の場合は決算期などの節目に情報をプリントアウトしておくのも効果的です。

■ゴルフ場、リゾートマンション会員権

会員証、証券などは一箇所にまとめて保管しておくと、後の捜索に役

に立ちます。

■**自動車、バイクなど**

車検証、自賠責・任意保険証券の保管場所
（大体は車中）を確認しておきましょう。

■**生命保険・損害保険**

　保険証券の場所の把握はもとより、いざとなったら誰が受取人になっ
ているのかをこまめに確認し、必要に応じて受取人の変更をすることも
忘れないようにしましょう。

■**骨董品、貴金属など**

　思わぬ価値のあるものが保管されている場合もあるので、普段から家
族間でコミュニケーションを取り、どのようなものを所持しているのか
を聞いておきましょう。

　これらの財産は、家の中だけでなく、貸金庫の中にある場合もありま
す。どの銀行に貸金庫があるのか、そこに何が入っているのか、鍵や暗
証番号はどのようになっているのか、事前に把握できれば理想的です。ま
た、パソコンのブックマークやメールについても、プライバシーに配慮
しつつ、できる範囲で情報を共有しておきましょう。

MEMO

エンディングノートを活用しよう

第7章でも触れていますが、遺言ほどの法的拘束力
はないものの、ご自身の意思を多面にわたって書
き残しておく一つの手段として「エンディングノ
ート」を活用するのも一考です。遺言と違って、書
くことのできる項目に制限はありませんし、形式
も自由です。生前の備忘録としても有効です。

第1章 04 誰が主になって動くか、誰がお金を払うかを決めておく

対象 全ての相続人

●特定の相続人に負担が集中するのを避ける

　いざ身近な人の死が訪れた際、その後の手続きはまさに怒濤のようにやってきます。そして、関わる専門家の数も、人によりけりですが相当な数になります。1-2では、身近な人の死後やることに優先順位をつけることを説明しましたが、相続人間での役割分担、費用分担も非常に大事になってきます。

　大切なのは、特定の相続人に負担が集中するのを避けることです。相続人にはそれぞれ自分自身及びその家族の生活があるので、みんなで助け合って、一つ一つ確実に進めていきましょう。

●ジャンルごとにキーパーソンを決めておくと作業が効率化する

　相続人の役割の一つに、各手続きの専門家へのアクセス、依頼があります。どの専門家に何を頼んで、料金はいくらぐらいかかるのか。情報源としてはホームページ、タウンページ、各専門家団体の紹介制度などがあるので、よく見比べましょう。できればいくつか話を聞き比べて決めたいものです。

　それぞれの手続きでキーパーソンを決めておけば、情報や必要書類の集約が可能となります。例えば、税金の手続きはあの人、社会保険関係はこの人というようにすれば、作業の効率化が図れます。

　かかった費用は、後の精算のため、きちんとレシートや領収書を取っておいて、エクセルなどを使い、全ての相続人間で情報を共有化しておくことが大切です。

葬儀の種類を知っておこう

対象 **全員** **相談先** **葬儀社など**

● 葬儀形式は仏式が一般的

　国内で主に行われる葬儀形式を大きく分類すると、**仏式、神式、キリスト教式**の3つに分けることができます。この3つの形式のうち、どの形式で葬儀を行うかは、信仰する宗教あるいは故人や家族の希望によって決めることができます。

　葬儀を行う形式を決めるのと同時に、葬儀の種類も決めていかなくてはなりません。葬儀の種類はさまざまあります。

仏式、神式、キリスト教の違い

仏式	仏教は日本で最も信仰者がいる宗教です。仏教の教えでは、人は亡くなった後、仏になるために49日間かけて現世からあの世へ旅立つと考えられています。一言で仏教といってもさまざまな宗派に分かれており、儀式や葬儀作法などは宗派によって若干異なりますが、大まかな流れはほとんど同じです。
神式	神道の葬儀は「神葬祭」と呼ばれます。神道の教えでは、人は亡くなった後、子孫の守り神になるといわれます。また、神道では死は「穢れ」とされるため、神道の葬儀は穢れを払うための儀式という意味もあります。
キリスト教	キリスト教の教えでは、死は永遠の命が始まるとされ、喜ばしいことだと捉えます。宗派は大きく分けてプロテスタントとカトリックの2つがあります。危篤・臨終の際には、牧師（プロテスタントの場合）、神父・司祭（カトリックの場合）が立ち会うこともあります。

　本書では昔から一般的に行われる葬儀形式である「仏式」を前提に葬儀のお話をします。

■一般葬

　仏式は、**昔から一般的に行われる葬儀形式**です。そのため仏式の葬儀

は、「**一般葬**」と呼ばれることが多いです。一般葬と呼ばれる葬儀の場合は、親族や友人、故人の勤務先関係者、近所の人など、生前、故人と付き合いのあった人たちが参列し、通夜や告別式など、次節で説明する流れで行われる葬儀のことを指します。

■家族葬・密葬

　一般葬よりも小規模で行う場合は、「**家族葬**」という葬儀の種類があります。家族葬は、一般葬と同様の内容で葬儀が行われますが、**参列するのは遺族や親近者が中心で、10〜30人程度になります。** 家族葬よりもさらに参列者が少なく、遺族だけで行われる葬儀の場合は「**密葬**」といいます。芸能人や著名人が亡くなった場合などで、参列者数が膨大になることが想定される場合は、**後日、「お別れ会」や本葬儀を行うことを前提に、遺族だけでひっそりと行われることもあります。**

　家族葬と密葬は、遺族や親近者のみで行われる小規模な葬儀という点は同じですが、密葬の場合は、後日、あらためてお別れ会や葬儀を行う点が違いになります。一般の人が亡くなられた場合で、葬儀を小規模で行いたいという場合は、家族葬を選ぶのが一般的です。

■社葬・合同葬

　故人が会社の代表や役員だった場合や殉職した社員であった場合は、会社が主体となって葬儀を行うこともあります。これを「**社葬**」といいます。また、遺族と会社が合同で行う場合や複数の会社が施主となって行う場合は「**合同葬**」といいます。

■一日葬・直葬・火葬式

　通夜や葬儀を行わないケースもあります。

　「**一日葬**」は、通夜の儀式が行われない（行う場合は簡略式になる）葬儀の種類で、告別式と火葬を1日で行います。参列者は家族や友人などごく身近な人に限られることが多いです。他に通夜も葬儀も行わずに火葬だけを行う、「**直葬**」「**火葬式**」というものもあります。

「直葬」や「火葬式」は、**病院や自宅などから火葬場へ直接搬送し、火葬の直前に火葬炉の前で故人とのお別れが行われるという簡略式の葬儀**です。

■最近増えている葬儀の種類

最近では、従来の形式にとらわれない自由な形式の葬儀も増えてきました。例えば、生前好きだった音楽で見送る「**音楽葬**」や海や山などの自然に還す「**自然葬**」、生きている間に行う「**生前葬**」などがあります。**これらはまとめて「自由葬」といわれます。**

近年世界的に流行しているコロナウイルスの影響を考慮した「オンライン葬儀」も出てきています。オンライン葬儀は、インターネットを通じてパソコンやタブレット、スマートフォンから葬儀に参列するというスタイルになります。

●一般的な葬儀の費用は？

葬儀費用は、行われる葬儀の種類や規模によって異なるため一概に述べることはできませんが、大体どのくらいの費用がかかるのか、いざというときに備えて把握しておきましょう。葬儀にかかる費用は、**一般葬の場合で90万円〜200万円くらいが目安**といわれています。しかしこの費用はあくまで目安のため、予算に合わせて葬儀の内容を決めていくのがよいでしょう。ちなみに葬儀費用は、次のように大きく3種類に分けることができます。

■葬儀一式にかかる費用

斎場使用料、祭壇、供物、生花代、式場の設営や運営にかかる人件費、寝台車や霊柩車での搬送費用などが含まれます。

■お布施

主にお寺などに支払う費用です。読経、戒名、お車代、くりあげ初七

日法要（42ページ参照）などの費用が含まれます。

■**飲食代等**

　参列してくれた人へ振る舞うための飲食費用です。通夜や告別式の後には、「通夜振る舞い」や「精進落とし」と呼ばれる参列者や僧侶を労う目的で用意する食事があります。こうした食事代の他に、葬儀の参列者への香典返しや、会葬御礼の費用なども考慮しておきましょう。

● 葬儀費用を抑える方法

　できるだけ葬儀費用を抑えたい場合は、葬儀の種類や規模を検討するとよいでしょう。多くの人が行っている一般葬で葬儀を行うのもよいですが、家族葬や一日葬にしたほうが費用は安くなります。一般的にいうと、**葬儀の費用の中で占める割合が大きいのは、祭壇を飾る費用や読経、戒名料といった寺院への支払い**です。ですから、祭壇の飾りを少なくしたり、生花ではなく造花に変更したりすることでも費用を抑えられます。寺院へのお布施を抑えたい場合は、既出の「自由葬」などであれば可能になります。

こんなときは？ ………………………………………………………………

 他にも葬儀費用を抑える方法はありますか？

 自治体が運営している「市民葬（区民葬）」を利用することで費用を抑えることが可能です。市民葬（区民葬）は、自治体が葬儀社と提携して行っている福祉サービスの一つで、協定料金で葬儀が行えるようになっています。葬儀プランは複数あるため、その中から選ぶことになりますが、基本的には通常よりも質素な葬儀になると考えておきましょう。プランに含まれないものはオプションになりますが、いくつもオプションをつけると、結果的に一般的な葬儀と変わらなくなってしまうことも考えられます。

…………………………………………………………………………………

●葬儀社の種類

葬儀を行うまでに時間的な余裕がある場合は、すでに決まった葬儀社がある場合を除き、複数の葬儀社から資料パンフレットや見積書を取り寄せておくと、いざというときに慌てずに済みます。葬儀社の種類には、次のようなものがあります。

■葬儀専門の業者

一般的な葬儀業者で、会社の規模やサービスの質はさまざまです。細かなニーズにも対応したプランが用意されている場合が多くあります。

■冠婚葬祭互助会

冠婚葬祭互助会は、加入者が毎月一定額の掛金を前払金として積み立て、冠婚葬祭のサービスを受ける仕組みになっています。事前に前払いをしておくことで、葬儀時の支払いを安くすることが可能で、全国各地にネットワークがあるため、加入者が遠方へ転居しても、加入者の申し出があれば移籍できます。

■生活協同組合（生協）

組合員しか利用することができません。葬儀社と業務提携をしているため、組合料金で利用することができます。

■農業協同組合（JA）

基本的には組合員に対して提供されますが、組合員でなくても利用できます。平均的な葬儀費用と比べると、比較的安く葬儀が行える傾向があります。

葬儀の基本スケジュールを知っておく

対象　**全員**　相談先　**葬儀社など**

●一般的な葬儀の流れ

　ここでは、葬儀の流れについて解説します。葬儀の流れについては、信仰している宗教や宗派あるいは住んでいる地域によって異なる場合がありますが、本書ではごく一般的な仏式の葬儀を想定して解説していきます。全体の流れとしては、下図のような流れになります。

一般的な仏式の葬儀の流れ

① 臨終　② 遺体の搬送　③ 遺体の安置　④ 葬儀の打ち合わせ　⑤ 納棺　⑥ 通夜　⑦ 葬儀・告別式　⑧ 出棺　⑨ 火葬　⑩ くりあげ初七日

①臨終

　身近な人が亡くなった場合、亡くなった場所がどこかによって進めかたが異なります。例えば病院で亡くなった場合は医師から臨終が伝えられますが、自宅で亡くなった場合はまず死亡した事実を明らかにする必要があり、かかりつけ医を呼ぶか救急車を呼ばなければなりません。ただし、持病がなく突然死等の場合は警察に連絡する必要があります。その際、遺体は警察が到着するまで動かしてはいけません。

　親族への連絡は、この段階で行っておくのがよいでしょう。

②遺体の搬送

　臨終を終えると、遺体の搬送があります。病院で亡くなった場合、遺体は霊安室に安置されますが、あくまで一時的なものになります。遺体はすみやかに搬送しなくてはならないので、なるべく早く葬儀場や自宅へ搬送できるように手配しましょう。

MEMO

遺体の搬送のみを依頼することも可能
葬儀場へ搬送する場合は、希望する葬儀社へ連絡しておきます。その後の葬儀を依頼するかどうかまで判断できない場合は、遺体の搬送のみを依頼することも可能です。搬送のみは病院指定の葬儀社に依頼することもできます。このとき、遺体が搬送されるまでに、医師から死亡診断書を作成してもらいましょう。

③遺体の安置

　搬送された遺体は、「通夜」が行われるまでの間「枕飾り」と呼ばれる簡易的な祭壇を設置して安置されます。枕飾りは、依頼した葬儀社が設置してくれます。
　菩提寺（先祖代々の墓がある寺）がある人は、僧侶に連絡し枕元でのお経「枕経」をあげてもらいましょう。

④葬儀に関する打ち合わせ

　遺体の安置が終わったら、連絡した葬儀社と葬儀に関する打ち合わせを行います。打ち合わせでは、通夜や葬儀・告別式について、日程や時間、斎場、式の内容といった具体的なことを決めていきます。具体的な内容が決まったら、親戚や友人の他、故人の勤務先や近所の人など関係者に連絡します。

⑤納棺

遺体を棺に納める儀式「**納棺**」です。納棺は通夜の直前に行われ、遺族の手で遺体を死に装束に整えて棺に納めるという儀式ですが、最近では葬儀社や「納棺師」という専門業者に任せることが多いです。

MEMO

湯灌とは
葬儀社によっては、湯灌（ゆかん）を行ってくれるところもあります。湯灌とは、亡くなった人が来世に旅立つ前にこの世の汚れを洗い清める儀式のことです。新たに来世に生まれ変わるよう願いが込められます。

⑥通夜

通夜は、本来、生前に故人と親しかった人たちが集まり、夜通し線香を絶やさず故人との別れを惜しむための儀式でした。しかし最近では、翌日に行われる葬儀・告別式に集まれない参列者が故人の元を訪れ、別れを惜しむためのものという解釈がされるようになってきています。

通夜は「仮通夜」と「本通夜」に分けて行う場合と夕方から2～3時間かけて行う場合とがあります。

⑦葬儀・告別式

通夜の翌日は、葬儀・告別式が行われます。一般的にいうと、葬儀は故人を送るための儀式のことで、告別式は故人と生前付き合いがあった友人や知人などが弔問に訪れ、お別れをする儀式です。葬儀では僧侶の読経が行われ、告別式では血縁の濃い順に焼香をし、最後のお別れが行われます。

⑧出棺

　葬儀・告別式が終わった遺体は、火葬場で火葬されます。斎場から火葬場へ向かう直前に行われるのが**出棺**です。出棺では、遺体が収められた棺を遺族や親近者の手で霊柩車へ運びます。その際、生前親しかった人や近隣の人たちが集まり、故人のお見送りをしてくれることがあります。その場合は、集まってくれた人たちに向けて喪主から一言お礼を述べます。

⑨火葬

　火葬場へ運ばれた遺体は、最後にお経と親族とのお別れが行われた後に火葬されます。火葬した後は、「拾骨（骨あげ）」が行われ、葬儀は終了です。**火葬の際には火葬許可申請書（2-2参照）が必要になる**ので、忘れずに持参するようにしてください。

⑩初七日・くりあげ初七日

　仏式の場合、**逝去後49日目までは7日おきに法要が行われます**。

　「初七日」は、逝去して7日目に行う最初の法要になりますが、近年では遺族や親族が集まることが難しいため、葬儀・告別式と同日に「**くりあげ初七日**」として法要が行われることが増えてきています。

第 2 章

数日以内に
すること

死亡診断書を手配して、死亡届を出す

| 対象 | 親族、同居人、家主 | 期限 | 7日以内 | 相談先 | 市区町村役場 |

● 死亡届は7日以内にできるだけ早く提出する

「死亡届」は、亡くなった日もしくは亡くなったことを知った日から7日以内（国内の場合）に提出しなければなりません。 もし国外で亡くなった場合は、3ヵ月以内に提出しましょう。死亡届は、正当な理由がない限り定められた期日までに必ず提出しなければならない書類です。届出期日が過ぎてしまうと、5万円以下の過料を徴収されてしまいます（戸籍法）。亡くなった人の死亡診断書や死体検案書を受け取ったら、なるべく早く市区町村役場で手続きをするようにしてください。

MEMO

死体検案書とは
治療中の病気やケガ以外の理由で突然亡くなった場合など、警察による検死を行った際に発行される書類です。

● 死亡届の提出方法

死亡届は、地区町村の役場で入手できます。市区町村によってはホームページから取得できるところもあるので、先に検索してみるのもおすすめです。病院に常備されていることもあるので、病院で亡くなった場合は病院に尋ねてみてもよいでしょう。**死亡届を提出する際に必要なのは、死亡診断書（死体検案書）と届出人の印鑑です。** 届出人の印鑑は、認印でも構いません。届出人の自筆の署名でも書類は受理されますが、記載内容に誤りが見つかった場合は訂正印が必要になるので、提出時には

持参してください。死亡届を提出できる人は、親族または同居人、家主、地主、後見人などとされています。基本的には親族が提出するものですが、最近では葬儀社が代行して提出するケースも出てきています。死亡届の提出に手数料はかかりませんが、**提出する際には同時に「火葬許可申請書」（2-2参照）も提出してください。**

死亡届

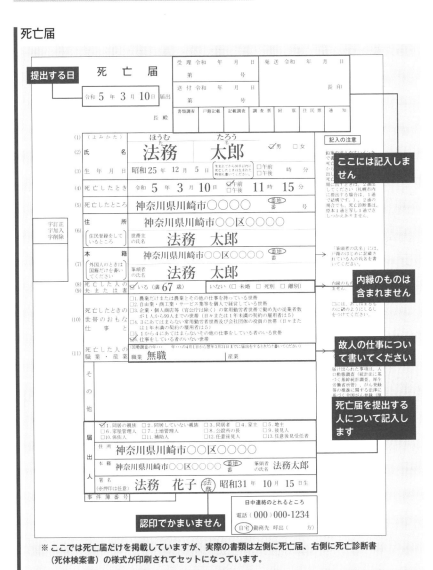

※ ここでは死亡届だけを掲載していますが、実際の書式は左側に死亡届、右側に死亡診断書（死体検案書）の様式が印刷されてセットになっています。

火葬許可申請書の提出

| 対象 | 死亡届を提出する人 | 期限 | 7日以内 | 相談先 | 市区町村役場 |

● 火葬許可申請書は死亡届と同時に提出する

　亡くなった人を埋葬したり火葬したりするには、「火葬許可申請書」を市町村役場に提出するのが原則です。**火葬許可申請書は死亡届と同時に提出し、受理されると「火葬許可証」が交付されます。** この火葬許可証は、火葬する際に火葬場で必要になりますから、大切に保管しておいてください。火葬場で火葬が行われた後は、**火葬場から「埋葬許可証」が交付されます。**

MEMO

死後24時間は火葬できない
火葬は、死後24時間を経過してからでないと行うことができません。また、火葬場は友引がお休みになっていることが多いので、その点も日程調整で考慮しておくとよいでしょう。

● 火葬許可申請書の提出方法

　死亡届を提出する人が同時に申請するのが一般的です。**提出の際に必要なものは、死亡届、印鑑、火葬許可申請書となります。** 火葬許可申請書は、死亡届（2-1参照）を提出する市区町村役場で入手できます。また、申請時に所定の火葬料を支払う必要がありますが、各市区町村で異なるため、事前に問い合わせておくとよいでしょう。

火葬許可申請書

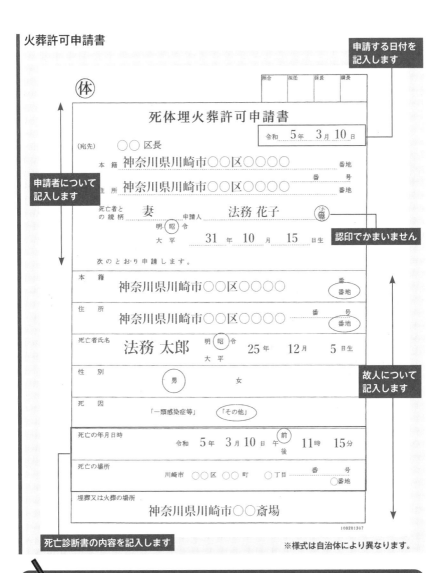

申請する日付を記入します

㊞体

照合	担任	係長	課長

死体埋火葬許可申請書

令和　5年　3月　10日

（宛先）　○○ 区長

申請者について記入します

本　籍　神奈川県川崎市○○区○○○○　　　番地

住　所　神奈川県川崎市○○区○○○○　　　番　号　番地

死亡者との続柄　妻　　申請人　法務 花子　㊞

明・昭・令　大・平　31年　10月　15日生

認印でかまいません

次のとおり申請します。

本　籍	神奈川県川崎市○○区○○○○	番　番地

住　所	神奈川県川崎市○○区○○○○	番　号　番地

死亡者氏名　法務 太郎　明・昭・令　大・平　25年　12月　5日生

性　別　男　女

死　因　「一類感染症等」　「その他」

故人について記入します

死亡の年月日時　令和　5年　3月　10日　午前・後　11時　15分

死亡の場所　川崎市○○区○○町　○丁目　番　号　○番地

埋葬又は火葬の場所　神奈川県川崎市○○斎場

100201307

死亡診断書の内容を記入します

※様式は自治体により異なります。

✎ MEMO

特殊な死亡の場合

海外で亡くなった場合は、原則、現地の医師に死亡診断書を書いてもらい、大使館や領事館に死亡届を提出してください。

妊娠12週以降の流産や死産の場合は、医師または助産師に「死産証書」を書いてもらい、市区町村役場へ提出します。

47

第2章 03

葬儀を行う

| 対象 | 全員 | 期限 | 7日 | 相談先 | 葬儀社 |

● まずは喪主を決める

葬儀を行うには、まず「喪主」を決めなくてはなりません。喪主とは、喪に服する主という意味があり、葬儀や法事などを執り仕切る遺族の代表者です。喪主は、**故人から最も近しい関係の人がなるのが一般的**です。例えば、故人の配偶者や長男ですが、該当する人がいないときは、故人の次男以降の直系男子、長女、次女以降の直系女子、両親、兄弟姉妹の順番で決めていきます。ちなみに、**誰が喪主になるかについての法律上の定めはありません。**しかし宗教上の理由や地域の慣習などから、先ほどのような順番で決められるのが一般的です。その他、故人が生前に喪主を指定している場合があります。その場合は、指定された人が喪主を務めることになります。

MEMO

葬儀社と相談して葬儀の日程を決める
喪主が決まったら、葬儀社に連絡し葬儀の内容や日程を決めていきます。
葬儀の基本的なスケジュールは、1-6を参照ください。

● 喪主の主な仕事

喪主の主な仕事は、**葬儀全般に関する事項の決定、弔問客や僧侶への対応、お金の管理**と大きく3つに分かれます。

遺族の意向や故人の生前の意向などをとりまとめ、葬儀社の決定や葬儀の日時、内容の決定を行い、さらに親戚や知人、友人、僧侶への連絡

を行います。通夜や葬儀では弔問客や僧侶へ対応し、挨拶も行います。香典の集計や管理、僧侶へのお布施の支払い、葬儀社への支払い、運転手や火葬場担当者への心づけなどの支払いも、喪主の仕事です。

● 喪主の仕事は、葬儀以降も続く

喪主の仕事は、葬儀が終わったら全て終了ではありません。葬儀や初七日法要が終わった後は、後述する四十九日法要や納骨がありますし、一周忌や三回忌といわれる「年忌法要」もあります（4-1参照）。こうした儀式や法要は全て喪主が代表して行っていくことになります。

● 万が一葬儀費用が足りなくなったら

葬儀社と葬儀内容を決めると、大体の葬儀費用が明らかになります。万が一葬儀費用が足りないと判明してしまった場合、故人の遺産相続や生命保険金の支払いを受けるまでにはある程度時間がかかってしまい葬儀に間に合いません。そこで**一時的に葬儀費用を借りて工面するということもあります**。葬儀費用を借りる場合、銀行や信販会社などの「カードローン」や銀行や信用金庫、JAなどの「フリーローン」、葬儀社が提携している信販会社からの「葬儀ローン」などを利用できます。

この中で審査がゆるめで融資までのスピードが早いのは葬儀ローンやカードローンですが、金利が高めに設定されています。フリーローンの場合は、金利が低めに設定されているものの、審査が厳しく融資まで時間もかかります。ただ、これらの方法で借りる場合は、必ず審査があります。審査の結果、融資が下りない可能性も十分にありますから、期待しすぎるのは避けたほうが無難です。

葬儀費用を香典で工面しようと考える人もいますが、**香典の合計金額がいくらになるかは、当日になってみなければわからない不確かなもの**です。不足しそうな場合は葬儀の規模や内容を見直すなどして、できるだけ葬儀費用を抑えられるように工夫しましょう。

葬祭扶助の申請

| 対象 | 喪主（該当者のみ） | 期限 | 葬儀の前 | 相談先 | 市区町村役場 |

●葬儀費用に困窮した場合は「葬祭扶助」が受けられる？

　葬儀を行いたくても葬儀費用が捻出できない場合、自治体が葬儀費用を負担してくれる制度を「**葬祭扶助制度**」といいます（生活保護法第18条第2項）。この制度は、故人が経済的に困窮しており葬儀のための費用を遺していない場合などに適用されるものです。

　葬祭扶助制度が利用できるのは、遺族が生活保護を受けているなど経済的に困窮している場合や扶養義務者がおらず遺族以外の人が葬儀を手配する場合に限ります。条件に当てはまらない場合はこの制度を利用できないので注意しましょう。

■自治体によって給付金の金額が異なる

　給付金は、自治体によって異なりますが、**故人が成人の場合は20万円程度、子どもの場合は16万円程度支給してもらえます。**これらの費用は、死亡診断書や死体検案書の作成費用、遺体の搬送費用、棺、ドライアイス、火葬費用、骨壺代といった最低限のものに充てられます。葬儀形式も直葬（35ページ参照）で行われるのが一般的で、通夜や葬儀・告別式などはありません。

●葬祭扶助制度の申請方法

　葬祭扶助制度を申請する場合は、申請者の住民票のある**自治体の福祉担当課、もしくは生活保護を受けていた自治体の福祉事務所で申請を行います。**申請は、必ず葬儀の前に行わなければ認めてもらえない点に注意してください。葬儀社へは、あらかじめ葬祭扶助申請を行う旨を伝え

ておく必要があります。

　葬祭扶助を申請して認められた場合は、**福祉事務所から葬儀社に直接費用が振り込まれます。**申請者には直接費用の請求がありませんが、葬祭扶助の上限を超えた場合は、不足分を請求されます。なお、葬祭扶助制度は申請すれば必ず認可されるわけではありません。葬儀費用を負担できる支払い能力があると判断された場合は、認可されない場合もあることを知っておきましょう。

葬祭扶助申請書

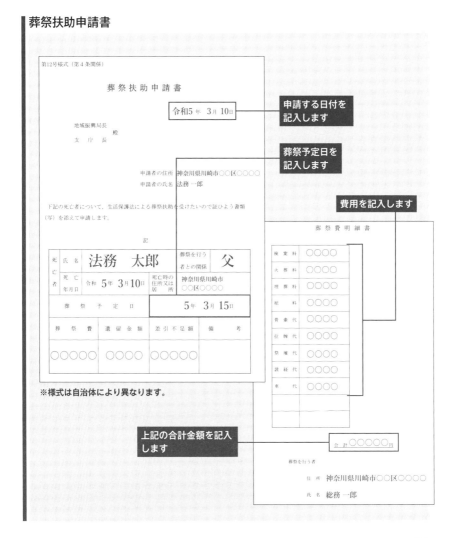

※様式は自治体により異なります。

第2章
05
年金受給者が亡くなったら年金支給を止める

| 対象 | 該当者 | 期限 | 国民年金14日以内、厚生年金10日以内 |

| 相談先 | 社会保険労務士 |

●故人の公的年金受給を止める手続き

　公的年金（国民年金や厚生年金等）を受給していた方が亡くなると、年金の受給権は消滅します。「年金受給者死亡届（報告書）」により受給者が亡くなったことをすみやかに通知し、年金の受給を止める必要があります。この手続きが遅れたことによって、受給できないはずの年金が振り込まれてしまった場合は、後日、返還しなければなりません。**手続きの期限は、国民年金については死亡日から14日以内、厚生年金については10日以内と非常に短い**ため、注意しましょう。

提出先など

提出先	年金事務所または年金相談センター（障害基礎年金・遺族基礎年金のみを受給していた方が亡くなった場合は、市区町村役場）
届出書類	「年金受給権者死亡届（報告書）」 用紙は日本年金機構のホームページからダウンロードできます（障害基礎年金・遺族基礎年金のみを受給していた方が亡くなった場合は、市区町村役場の国民年金窓口へ）
書類作成に必要な情報	死亡年月日、基礎年金番号、年金コード、生年月日等
添付書類	亡くなった方の年金証書、死亡を明らかにする書類（戸籍抄本または住民票の除票など）

「年金受給者死亡届（報告書）」の記入例

「未支給年金・未払給付金請求書」の
2枚目が受給権者死亡届になっています

様式第515号

受付登録コード
| 1 | 8 | 5 | 0 | 1 |

入力処理コード
| 7 | 4 | 5 | 0 |

国民年金・厚生年金保険・船員保険・共済年金・年金生活者支援給付金
受給権者死亡届（報告書）

死亡した受給権者

❶ 基礎年金番号 および年金コード

基礎年金番号
| 0 | 1 | 2 | 3 | 4 | 5 | 6 | 7 |

年金コード（複数請求する場合は「その他」に全て記入）
| 5 | 3 | 5 | 0 |

| 1 | 1 | 5 | 0 |

❷ 生年月日　明治・大正・⊙昭和・平成・令和　ニッポン　0 8 年　0 3 月　0 3 日

❷ 氏名　（氏）日本　（名）タロウ　太郎

❸ 死亡した年月日　昭和・平成・⊙令和　0 5 年　0 1 月　1 8 日

届出者

❺ 氏名　ニッポン　（氏）日本　ハナコ　（名）花子

❻ 続柄　妻

❼ 未支給 有・無

❽ 郵便番号　2 3 7 - 0 0 0 1

❾ 電話番号　047　400　- 4xx0

❿ 住所　フナバシ　船橋　イチバ　市場 X－X－X

送信

◎　未支給の年金・給付金を請求できない方は、死亡届（報告書）のみご記入ください。

◎　死亡届のみを提出される方の添付書類
　1．死亡した受給権者の死亡の事実を明らかにすることができる書類
　　（個人番号（マイナンバー）が収録されている方については不要です）
　　・住民票除票
　　・戸籍抄本
　　・死亡診断書（コピー可）　　などのうち、いずれかの書類
　2．死亡した受給権者の年金証書
　　年金証書を添付できない方は、その事由について以下の事由欄にご記入ください。

（事由）
ア、廃棄しました。（　　　　年　　　月　　　日）
イ、見つかりませんでした。今後見つけた場合は必ず廃棄します。
ウ、その他（　　　　　　　　　　　　　　　　　　）

（予備　　欄）

年金証書を添付できないときは
その理由を選択します

複数の年金がある場合は全ての
年金コードを記入します

未支給の年金を請求できないため
死亡届のみを提出する場合の添付書類です

市区町村
受付年月日

実施機関等
受付年月日

令和　5 年　1 月 25 日　提出
年金事務所記入欄
※遺族給付同時請求　有・無
※未支給請求　有・無

4

●マイナンバー登録済みなら手続き不要

　日本年金機構に故人の個人番号（マイナンバー）が収録済みなら、「**年金受給者死亡届（報告書）」の届け出は原則不要**になります。マイナンバーが収録済みかどうかの確認は、年金事務所に問い合わせることになります。生前であれば、日本年金機構の「ねんきんネット」で、自分のマイナンバーが収録済みかどうかを確認できるので、できれば元気な頃にマイナンバーの収録の有無を確認し、未収録の場合は登録を済ませておくのが望ましいでしょう。

> **ねんきんネット - 日本年金機構**
> https://www.nenkin.go.jp/n_net/

●最後の年金は亡くなった月まで受給できる

　公的年金は、年6回（偶数月）に分けて支払われ、その前月までの2ヵ月分の年金が支給されます。例えば4月に支給された年金は2月と3月の2ヵ月分ということになります。4月に亡くなった場合は4月分の年金まで受給できます。**まだ支払われていない未支給の年金については、受給資格のある遺族が請求することにより、遺族に支給されます。**

未支給の年金請求については
5-8で詳しく解説します。

健康保険の資格喪失手続き

| 対象 | 全員 | 期限 | 14日以内 |

相談先 社会保険労務士

● 故人の健康保険を確認する

　故人が生前使っていた健康保険被保険者証（健康保険証）などから、適用されていた健康保険制度を確認しましょう。健康保険制度によって、手続きする窓口や書類が異なります。

　原則として75歳以上（65〜74歳で障害のある方を含む）は後期高齢者医療制度、自営業の場合は国民健康保険、会社員の場合は会社の健康保険の被保険者であることが多いです。

　故人が会社員の扶養家族であった場合は家族の会社の健康保険の被扶養者である可能性が高いでしょう。

健康保険の種類	被保険者の概要
A. 後期高齢者医療制度	75歳以上の方（65歳以上で障害認定を受けている人を含む）
B. 国民健康保険	自営業者等
C. 会社の健康保険	会社員・会社役員等
D. 任意継続加入の健康保険	会社退職後、会社の健康保険に自分で加入
E. 家族が勤務している会社の健康保険の被扶養者	家族の会社の健康保険に被扶養者として認定

　いずれの制度であっても故人の健康保険証は死亡の翌日から使用できなくなります。また、健康保険証は返却しなければなりません。

A. 後期高齢者医療制度の場合

75歳以上の方（65歳以上で障害認定を受けている人を含む）は**後期高齢者医療制度が適用されます。**後期高齢者医療制度の場合、通常は、市区町村への死亡届提出により「後期高齢者医療資格喪失届」は不要となることが多いのですが、市区町村によっては死亡届とは別に本手続きが必要な場合があるので、死亡届提出時に市区町村の窓口で確認するのがよいでしょう。また、合わせて、介護保険の資格喪失（2-7参照）と、葬祭費の請求（5-14参照）の手続きを同時に行うと効率的に手続きできるので、おすすめです。

提出先など

提出先	市区町村役場の窓口
届出書類	「後期高齢者医療資格喪失届」 市区町村の窓口にあります。市区町村のホームページからダウンロードできる場合もあります。
返却書類	後期高齢者医療被保険者証
添付書類	死亡を証明する書類（火葬証明書、死亡診断書など）、マイナンバーが確認できる書類（マイナンバーカードなど）。ただし市区町村により異なるため、窓口へお問い合せください。

B. 国民健康保険の場合

自営業者などが加入する国民健康保険の場合も、**通常は、市区町村への死亡届提出により「国民健康保険資格喪失届」は不要となることが多い**のですが、市区町村によっては死亡届とは別に本手続きが必要な場合があるので、死亡届提出時に市区町村の窓口で確認するのがよいでしょう。また、合わせて介護保険の資格喪失（故人が65歳以上の場合。2-7

参照）と、葬祭費の請求（5-14参照）の手続きを同時に行うと効率的に手続きが完了するので、おすすめです。

提出先など

提出先	市区町村役場の窓口
届出書類	「国民健康保険資格喪失届」 市区町村の窓口にあります。市区町村のホームページからダウンロードできる場合もあります。
返却書類	国民健康保険被保険者証 故人が世帯主だった場合は、故人だけでなく、世帯全員の国民健康保険被保険者証を返却する必要があるので注意してください。この場合は、世帯主の変更手続きと同時に新たな健康保険証が交付されます。
添付書類	死亡を証明する書類（火葬証明書、死亡診断書など）、マイナンバーが確認できる書類（マイナンバーカードなど）。ただし市区町村により異なるため、窓口へお問い合せください。

C. 会社の健康保険の場合

　故人が現役の会社員であった場合には、基本的には事業主である会社が健康保険の資格喪失手続きを行うことになります。遺族は会社の総務担当者と連絡を取りその指示に従えば大きな問題はないでしょう。健康保険証の返却も特別な指示がない限り会社を通じて行うので、会社に返却します。

　健康保険の被扶養者である家族がいる場合は、被扶養者全員の健康保険証も同時に返却しなければなりません。通常、死亡の日をもって退職となり、その翌日に健康保険被保険者の資格を喪失するため、**被扶養者**

の健康保険証も死亡の翌日から使用できなくなります。誤って医療機関等で使用してしまうと、後日、費用負担を求められる場合もあるので注意してください。被扶養者だった家族は、自分で国民健康保険に加入するか、会社勤務をしている他の家族の被扶養者になる手続きを行う必要があります。

　被扶養者として認定される要件は、会社の健康保険組合によって異なるので被扶養者になれるかどうか会社の担当部署に確認しましょう。いずれにせよ残された家族にとって健康保険の適用が無い状態は非常に不安でしょう。手続きが多少遅れても、原則、扶養者の死亡の翌日に遡って保険加入が適用されますが、なるべく早く手続きを進めましょう。

D. 退職後、会社の健康保険に任意継続加入していた場合

　会社を退職しても、最大2年間を上限に任意継続被保険者として会社の健康保険に継続加入している場合もあります。この場合、会社を通じての手続きはできず、遺族が直接、会社の健康保険組合などに「**健康保険被保険者資格喪失届**」を提出しなければなりません。健康保険証に健康保険組合の窓口が記載されているので詳しい手続きを確認してください。健康保険の被扶養者である家族がいる場合の扱いは、Cのケースと同じです。

E. 会社勤めの家族の健康保険の被扶養者であった場合

　故人が、会社勤めをしている家族の健康保険の被扶養者だった場合は、家族の会社に死亡の連絡を行い、故人の健康保険証を返却します。

第2章 07 介護保険の資格喪失手続き

対象	該当者（故人が65歳以上または40歳以上で要介護認定を受けていたとき）
期限	14日以内	相談先	社会保険労務士

● 介護保険被保険者の資格喪失

　介護保険サービスを利用していたかどうかにかかわらず、65歳以上の方は原則として介護保険の被保険者になります（第1号被保険者といいます）。また、40歳以上65歳未満で要介護認定を受けた医療保険加入者の方も介護保険の被保険者です（第2号被保険者といいます）。

　つまり、**故人が65歳以上だったとき、または40歳以上で要介護認定を受けていたときは、介護保険の資格喪失手続きと被保険者証を返却する**必要があります。

提出先など

提出先	市区町村役場の窓口
届出書類	「介護保険資格喪失届」 市区町村の窓口にあります。市区町村のホームページからダウンロードできる場合もあります。
返却書類	介護保険被保険者証、介護保険負担限度額認定証（該当者）
添付書類	死亡を証明する書類（火葬証明書、死亡診断書など）、マイナンバーが確認できる書類（マイナンバーカードなど）。ただし市区町村により異なるため、窓口へお問い合せください。

●介護保険料が戻ってくる場合も

　介護保険の保険料は、40歳以上から亡くなるまで納付義務があります。細かくいうと、40歳になった月（誕生日の前日が含まれる月）から死亡の前月（死亡の翌日が含まれる月の前月）まで、保険料を納付しなければなりません。例えば、死亡日が6月15日だった場合は5月分まで、死亡日が6月30日だった場合は6月分まで、保険料を納付します。

■介護保険料の精算のための再計算が行われる

　資格喪失届が受付けられると、介護保険料の精算のための再計算が行われます。**納付済みの保険料に超過分があれば相続人に返還されますし、不足分があれば相続人が納付しなければなりません。**還付金のあるときには請求のための追加書類が必要な場合もあるので、市区町村の窓口に確認の上、請求漏れのないようにしてください。

　保険料の納付は公的年金から徴収されていることも多いです。公的年金の支給停止の手続きは2-5を参照ください。

■介護保険負担限度額認定証とは

　介護保険サービスを受けたときの1ヵ月の自己負担額の合計が上限を超えた場合、**超過分については請求により戻ってきます。**これを「**高額介護サービス費の請求**」といいます（高額介護サービス費の請求手続きについては5-16を参照ください）。

　高額介護サービス費の他にも、介護保険施設・ショートステイでの食費と住居費の負担を軽減できる制度が介護保険限度額認定制度です。一定の所得要件を満たした場合にこの制度が適用され「介護保険限度額認定証」が交付されます。これにより、食費・居住費の自己負担額に上限が設定され、所得に応じた負担軽減が行われることになります。「介護保険負担限度額認定証」も、介護保険被保険者証と共に市区町村に返却することになります。

第2章 08 世帯主変更の申請

対象	新しく世帯主になる人、世帯員、世帯員以外の代理人
期限	14日以内	相談先	住所のある市町村役場

●世帯主変更届は葬儀が終わったらすみやかに出す

　世帯主が亡くなってしまったら、世帯主を変更することを役場に知らせなければなりません。**世帯主の変更は、住民基本台帳法により14日以内に提出しなくてはならないと定められています**から、特別な理由がない限りすみやかに行なってください。提出をしないと5万円以下の罰金が課せられることになるため注意が必要です。

■世帯主変更届の申請

　世帯主変更届の申請は、新しい世帯主が行うことが理想ですが、難しい場合は代理を立てることも可能です。世帯主変更届は、新しい世帯主以外に、世帯員、委任状を持った代理人であれば申請することができます。このとき、委任状の形式に決まりはありませんが、書類には委任年月日、委任者の住所・氏名・電話番号、受任者の住所・氏名・電話番号、委任内容、押印が必要になります。

■世帯主変更届の提出が不要な場合

　以下の場合、世帯主変更届の提出は不要です。これらに該当する場合は、自動的に然るべき手続きが行われます。

- 1人暮らしをしていた世帯主が亡くなり、世帯に誰も残っていない場合
- 世帯主が亡くなり、世帯に残った人が1人だけになった場合
- 世帯主が亡くなり、世帯に残った人が親と15歳未満の子どもだけの場合

● 世帯主変更の手続きに必要なもの

世帯主変更の手続きに必要なものは、次のとおりです。

- ☐ 世帯主変更届（市町村役場に備え付けの書類があります）
- ☐ 窓口で申請する人の本人確認書類（運転免許証、マイナンバーカード、パスポート、健康保険証等）
- ☐ 窓口で申請する人の印鑑（認印で可）
- ☐ 国民健康保険の保険証（加入者のみ）
- ☐ 委任状（代理人が申請する場合）

「住民異動届（世帯主変更届）」の記入例

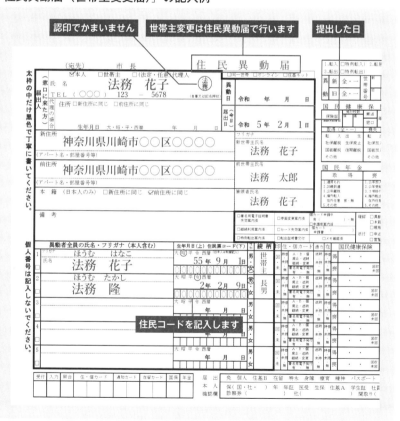

62

預貯金の払戻し

| 対象 | 払戻しが必要な相続人 | 期限 | すみやかに |

| 相談先 | 故人の預貯金がある金融機関 |

● 遺産分割前でも故人の預貯金が引き出せるようになった

かつては金融機関に預金口座を開設している人が亡くなったことがわかると、その口座は直ちに凍結されるのが普通でした。口座が凍結されてしまうと、たとえ遺族であっても遺産分割が正式に行われるまでは預金を引き出すことができなくなります。これは一部の相続人が勝手に預金を引き出し、トラブルに発展することを懸念して行われていた防止策でしたが、口座が凍結されてしまうことで葬儀資金や生活資金に困る人が出てきました。

そこで、そうした事態を解消するため2019年7月に民法改正によって一部の預金の払戻しが可能になりました。

この制度は「**遺産分割前の相続預金の払戻制度**」と呼ばれる制度で、故人の預貯金が遺産分割の対象になる場合、相続人はそれぞれ遺産分割前でも一定の額を払い戻すことが可能になります。

■払戻し手続きに必要なもの

遺産分割前の相続預金の払戻制度を利用する際に必要なものは、次のとおりです。

- 故人の出生から死亡までの戸籍謄本または全部事項証明書
- 相続人全員の戸籍謄本または全部事項証明書
- 預金を払い戻す人の本人確認書類（運転免許証等）
- 印鑑証明書 　　　　　　　　　　　　• 実印

■払戻し可能額はいくら？

　払い戻せるといっても、預金口座の全てを払い戻すことはできません。払い戻せる金額は、次のような計算式で定められています。

> 払戻し可能額＝相続開始時の預金額×1/3×法定相続分*
> *払い戻しを行う相続人の法定相続割合のことで、上限150万円まで
>
> 例　故人の預金が600万円、法定相続人が2人の場合
> 　　600万円×1/3×1/2＝100万円
> 　　法定相続人1人につき100万円の払い戻しが可能になります。

　葬儀費用が不足している場合で故人の預金口座に預金がある場合は、この制度を利用して払い戻すことも可能ですが、金融機関に提出する書類が多いため、葬儀費用の支払い期日までに間に合わない可能性も十分考えられます。

●払戻しの上限以上にお金が必要になった場合はどうする？

　遺産分割前の相続預金の払戻制度を利用して払い戻せる金額は、原則として**同一の銀行から1人につき150万円が上限**となっていますが、150万円以上の金額が必要になった場合はどうすればいいのでしょうか。

　家庭裁判所に申し立てを行い、審判を受けられれば150万円以上の金額でも、家庭裁判所が認めた金額を払い戻すことが可能になります。しかし、この手続きには必要書類の提出などに時間がかかりますし、場合によっては使い込みや横領を疑われかねません。ですから、少なくとも葬儀費用などは相続人側で用意できるようにあらかじめ準備しておくことをおすすめします。

MEMO

場合によっては払い戻せないこともある
然るべき手続きを行ったからといって、必ず制度が利用できるわけではありません。故人の遺言によっては利用できない場合もあります。

第 3 章

1ヵ月以内に
やりたい手続き

電気・水道・ガス・NHKの解約・変更手続き

| 対象 | 故人が契約していた場合 | 期限 | 早めに | 相談先 | 各事業所 |

● 電気・水道・ガス・NHK は電話かインターネットで手続き

　電気・水道・ガス・NHKの契約は、故人が一人暮らしなら解約することが多く、同居していた場合は別の人に名義変更になる場合が多いでしょう。電気・水道・ガス・NHKの手続きは、電話かインターネットで行います。放っておくと料金がかかってくるので、できるだけすみやかに連絡するようにしましょう。また、未払いの料金が残っている場合は、引き継ぎ・解約問わず、家族が支払いをしなければなりません。

　サービスセンターなどに電話し、契約者が死亡したことを伝えると、解約もしくは名義変更の手続き方法を教えてくれます。

　インターネット手続きを行う場合は、スマホかパソコンで各会社のホームページにアクセスして行います。公式アプリを使用しなければならない場合もあります。

手続きの連絡先
水道…水道局
電気・ガス…各事業所
NHK…NHKふれあいセンターなど

■名義変更の際は口座変更の手続きを

　故人と同居していた場合、電気や水道は他の家族に契約者を変更して契約を続けるでしょう。故人の銀行口座やクレジットカードを引き落としに使っていた場合、新しい引き落とし先を指定します。引き落とし用の口座を新しく用意する場合は、先回りして新口座やクレジットカードを作っておくといいでしょう。

クレジットカードの解約

| 対象 | 故人が契約していた場合 | 期限 | 早めに | 相談先 | 各会社 |

● クレジットカードの相続はできない

クレジットカードは相続できません。クレジットカードは持ち歩いていることが多いので、故人の財布の中にカードがあるかをまず調べて、カードを所有していれば素早く解約の手続きを行ってください。近頃はネットでクレジットカードの料金を確認する場合も多いので、スマホの中にアプリがないか、パソコンのブックマークにクレジットカード会社がないかなどからも契約状態を調べることが可能です。他にも契約の際の郵便物や明細書が郵送で届く設定の場合は、郵便物から契約状態を調べられます。

■年会費や残高は家族が支払う

クレジットカードは一括払いの場合、翌月もしくは翌々月に引き落としがあります。他にも分割払いやリボ払いがある場合、さらに先の未払い金があります。契約者が亡くなっても、クレジットカードの未払金は残ります。**基本的には相続人が未払金を一括で支払わなければなりません。**

● クレジットカードの解約のタイミングに注意

故人が契約していた電気やガス、水道などを引き継ぐ場合、料金をクレジットカードから引き落としていたら、先にそちらの名義変更と引き落とし先の変更を行いましょう。先にクレジットカードを止めてしまうと引き落としができなくなってしまいます。

またクレジットカードに付随したETCカードや家族カードなどのことも考えて、いいタイミングで解約するようにしてください。

銀行・証券会社に連絡する

対象	故人が契約していた場合	期限	すみやかに	相談先	各会社

● 銀行に連絡する

故人が銀行に預け入れているお金は、相続の対象です。相続が決まるまではその口座に入っているお金は故人のものですから、口座を持っていた方が亡くなったら、家族はすみやかにその旨を銀行に伝えなければなりません。

銀行は名義人が亡くなったことを知ると、口座を凍結します。死亡通知がなくても銀行が何らかの方法で名義人が死亡したことを知った場合も、凍結されることになります。

また、一人で複数の銀行口座を使っている場合も多いので、**メインバンクにしている口座以外も取りこぼしがないように調べるように**しましょう。銀行口座を持っている場合はキャッシュカードか通帳を所有しているので、探してください。

● 葬儀などでお金が必要になる場合は用意しておくこと

口座が凍結されると、配偶者や子供であっても遺産分割が終わるまで口座から自由にお金を引き出せません。その口座のお金がないと葬儀費用が足りなくなって困ってしまうというようなことがないよう、死後にすぐ必要になるお金は名義人が生きているうちに引き出しておくようにしましょう。ただし、必要以上に引き出しておくと相続トラブルになりかねません。**お金の使い道は詳細に記録しておくことをおすすめします。**勝手に引き出してしまうと、他の相続人から横領の疑いがかかる恐れもあります。他の相続人に相談して決めるようにしてください。

MEMO

遺産分割前の相続預金の払戻制度

葬儀費用や当面の生活費は、故人が生きているうちに用意しておくべきとはいえ、突然死亡してしまった場合など、先にお金を引き出しておくのが難しい場合もあります。

死後にどうしてもお金が必要になってしまった場合のために、凍結口座の中から一定額を払い戻しできる制度があります。預貯金が資産分割の対象の場合、相続人は遺産分割が終わる前でも一定額まで払い戻しができる「遺産分割前の相続預金の払戻制度」です（2-9参照）。ただし、必要書類を用意することを考えると、時間がかかります。やはりすぐに必要になる葬儀費用などは先に準備しておくと安心です。

● 証券会社に連絡する

　銀行と同様、証券会社へも連絡するようにしましょう。証券会社にある株などの故人の資産は、遺産分割が終わったあと、相続人の証券口座に移されることになります。相続人がその証券会社に口座を持っていない場合は、新しく証券口座を開設し、そこに移管してもらうという手順です（6-17参照）。

　証券口座はキャッシュカードがある銀行と違って、故人が口座を所有していたのかを調べる難易度が高いです。**できるだけ、生前に口座の有無を聞いておきましょう。**亡くなってから調べる場合は、証券口座開設の書類や運用状況のお知らせの書類等を探すとよいでしょう。ネット証券の場合はアプリで取引状況を確認することが多いので、故人のスマホに証券会社のアプリがあるかも調べておきます。

MEMO

エンディングノートの活用がおすすめ

銀行口座と証券口座の情報も、エンディングノートに書いておいてもらうと安心です。

サブスク・スマホ・インターネットなどの解約

対象 故人が契約していた場合 **期限** すみやかに **相談先** 各会社

● 携帯電話の解約

　携帯電話の解約は、各キャリアの窓口で手続きできます。店舗がない場合は、ホームページなどから受け付けているので、まずは契約している会社ホームページで確認しましょう。

　手続きには故人の死亡が確認できる公的書類（戸籍謄本、除籍謄本など）の他、手続き人の身分証明書や印鑑などが必要になります。これもあらかじめホームページで確認しておくとスムーズです。

　携帯電話の料金は日割りで計算されることが多いので、解約が遅れるとその分料金がかかります。すみやかに手続きするようにしましょう。

● インターネットの解約・NTT の固定電話の解約

　インターネットプロバイダの解約は、電話やサイト上で受け付けています。契約を続けたい場合も、早めに名義変更の手続きを行いましょう。**故人の引き落とし口座やクレジットカードが使えなくなってしまうと、インターネットが使えなくなってしまいます。**

　携帯電話の解約と同じく、手続きには故人の死亡が確認できる公的書類（戸籍謄本、除籍謄本など）が必要になります。こちらも解約が遅れると毎月の料金がかかり続けます。携帯電話に比べてわかりにくいので契約していたかどうか調べるのを忘れないように しましょう。また、プロバイダを解約するとメールアドレスが使えなくなります。ただし過去に受信したメールは契約後も見ることが可能です。

■NTTの固定電話の解約

　NTTの固定電話は**電話加入権**という財産の扱いになります。ですから、NTTの固定電話の契約を故人から引き継いで相続する場合は、少額ではありますが、相続税もかかることになります。電話加入権の引き継ぎには戸籍謄本等が必要になり、郵送で手続きが可能です。

●サブスクの解約

　近年、定額制の見放題・聴き放題のサブスクリプション型のサービスに入会している人が増加しています。

　故人がサブスクに入会していた場合はすみやかに解約したいところですが、故人がどのサブスクに入っていたかまで細かく把握できている家族は少ないでしょう。

　スマホを解約する前に、**アプリストアの月額契約を調べてサブスクに入会しているようであれば、解約しておきましょう。**

　他にもクレジットカードの明細などから毎月（年契約の場合もあり）引き落とされているサブスク契約がないか調べられます。

　サブスクも解約しなければ毎月自動的に契約更新が行われ、支払いが続くので、すみやかに解約するようにします。

MEMO

最終手段はクレジットカードの停止で
サブスクへの加入状況を把握しきれなかった場合は、最終的にクレジットカードの停止、銀行口座の凍結でサブスクを止められる場合もあります。
ほとんどのサブスクは引き落としができないと翌月から使用停止になるので、引き落としができないようにすることで強制的に退会する方法です。しかし、サブスクによっては延滞料金を取られることもあるので、できるだけ故人のサブスク加入状況を把握して退会するようにしましょう。

SNSのアカウントや デジタル遺品を整理する

| 対象 | 故人が契約していた場合 | 期限 | すみやかに | 相談先 | 各会社 |

● デジタル遺品の整理

　故人の所有していたスマホやパソコンの中に保存されている文章や音楽、イラストなどのデータのことを「**デジタル遺品**」と呼びます。デジタル遺品という名がついていますが、単独では相続の対象ではありません。基本的には、データが保存されている**パソコンやスマホを相続した人が中身のデータまで管理する権限があります。**

■故人のプライバシー権は消滅する

　死亡すると故人のプライバシー権は消滅しますが、故人の尊厳を守るためにもあまりにプライバシー性が高いものは中身を見ずに削除してあげるのも弔いの一つになるでしょう。

こんなときは？ ......

端末にパスワードロックがかかっています

基本的に、パスワードを知らない端末のロック解除は難しいでしょう。生前のうちにパスワードをエンディングノートに記載してもらうか、ロックをかけないようにしてもらっておくのがおすすめです。指紋認証も死亡する前に解いておくといいです。

パスワードのロック解除に失敗するとデータが初期化されてしまうリスクもあるので、自信がない場合は専門の業者に依頼することも検討しましょう（業者も玉石混交なので、その選定は慎重にしたいところです）。

● SNS のアカウントの整理

SNSへのログイン情報もデジタル遺品の一種です。しかしSNSのほとんどが本人以外の利用を想定していないため、故人になりすまして利用するのはやめておきましょう。アカウントにログインできる状態であれば、アカウント削除をしてあげるのがおすすめです。

■ Facebook アカウント

故人のFacebookのログイン情報がわからない場合でも、遺族は故人のアカウントの完全削除を申請できます。その場合はアカウント主が亡くなったことを証明する死亡診断書などの書類が必要になります。詳しくは公式サイトから確認しましょう。

> Facebook「亡くなった家族のFacebookアカウント削除のリクエスト」
> https://ja-jp.facebook.com/help/1518259735093203

また、Facebookにはアカウント主が亡くなったあとも、故人のアカウントを「**追悼アカウント**」として残す方法があります。

追悼アカウントは故人の友人や家族が故人の思い出をシェアするための場所です。故人の名前の横には「追悼」と表示され、アカウントのプライバシー設定に応じて、友達は追悼タイムラインで思い出をシェアできます。誰もそのアカウントにログインできなくなるので（追悼アカウント管理人がいる場合は除く）、なりすましに利用されることがなくなります。

追悼アカウントに管理人を設定すると、管理人のみアカウントの管理の権限が与えられます。追悼アカウントの管理人は、アカウントの削除や追悼コメントの投稿、カバー画像の変更などが可能です。

> Facebook「追悼アカウント管理人とは」
> https://www.facebook.com/help/1568013990080948

■Instagram アカウント

Instagram でも、遺族の連絡でアカウントの削除の申請ができます。Facebook と同様にアカウント主が亡くなったことを証明する死亡診断書などの書類が必要になるので詳しくは公式サイトから確認しましょう。

亡くなった方のInstagram アカウントを報告する
https://www.facebook.com/help/instagram/264154560391256

また、**Instagram でも追悼アカウントとしてアカウントを残すことが可能**です。専用フォームから問い合わせができます。

Instagram 「追悼アカウントになるとどうなりますか。」
https://help.instagram.com/231764660354188

■Twitter アカウント

Twitter には追悼アカウントがありません。そのまま残すか、アカウントを削除、または停止しましょう。ログイン情報がわからない場合は、アカウント停止の申請フォームから申請を行います。

Twitter 「亡くなられた人について」
https://help.twitter.com/ja/rules-and-policies/contact-twitter-about-media-on-a-deceased-family-members-account

運転免許証・パスポート・マイナンバーカード等の返却手続き

● 運転免許証の返却

　故人の財布などから運転免許証が見つかったら、警察署や運転免許センターに返却します。**運転免許証は返却を忘れていても、更新期限が切れたら自動的に失効します**が、忘れている間に第三者に悪用される可能性があるので、時間ができたときに返却しておきましょう。

　免許証の返却の際には、**死亡診断書や戸籍謄本などの故人の死亡が確認できる書類が必要**です。故人の思い出として運転免許証をそばに置いておきたいと思った場合は、無効処理をしたうえで免許証を返却してくれるので、相談してみましょう。

● パスポートの返却

　パスポートも運転免許証と同様に、返却しましょう。持っていく場所はパスポートセンターです。故人の住民票がある場所のパスポートセンターに持っていきましょう。こちらも**死亡診断書や戸籍謄本などの故人の死亡が確認できる書類**を一緒に持っていきます。

　パスポートの期限が切れている場合は、返却の必要はありません。

● マイナンバーカードは返却不要

　マイナンバーカード及びマイナンバー通知カードは返却の必要はありません。**死亡届が出されると同時に、自動的に失効します。**保険金の受け取りや相続などの故人との関係を示す際に便利なので、死後の手続きが終わるまでなくさないように保管しておくとよいでしょう。

COLUMN

『お亡くなりになった方の略歴書』を作成しよう

　相続税の申告を行う場合に、申告の参考情報として『お亡くなりになった方の略歴書』を提出することになっています。この書類は故人の今までの職歴等から資産形成の経緯を確認するために使われます。

　一方相続は、その方の人生の総決算ともいえます。故人がどのように生きてきたか、故人の配偶者やお子様の出生・結婚などを合わせて思い起こしてみることで、どのような人生を歩んできたか振り返ってみるいい機会です。税務署のためではなく、家族のためにこの書類を作成してみましょう。

お亡くなりになられた方の略歴等

				被相続人の氏名	結 那岐
出身地	千葉 都・道府県	船橋 市・区町・村	旭町○丁目○番○		
最終学歴	明治・大正 昭和・平成 22年 3月	○○中学校	卒業・中退		

職歴等（直前→旧）	年　月　日	職業（勤務先）・地位（役職等）
	平成・昭和 9年 3月 日	△△商工会　定年
	平成・昭和 4年 4月 日	△△商工会　嘱託
	平成・昭和 4年 3月 日	××研究所　定年
	平成・昭和 57年 7月 日	××研究所　入社
	平成・昭和 57年 7月 日	○○商会　退社
	平成・昭和 年 月 日	

住所の移転状況	前住所 昭和57年 7月〜 平成4年 3月	千葉県佐倉市
	前々住所 昭和 年 月〜57年 7月	千葉県船橋市
	上記以前の住所 年 月〜 年 月	

入院期間	令和3年 1月 日〜 令和3年 4月 日 年 月 日〜 年 月 日	病名 肺炎 病名	病院名 ○○病院 病院名
死亡原因（病名等） 老衰		死亡場所 ○○病院	

※　上記につきましては、分かる範囲でご記載ください。

わかる範囲でかまいません

1年をめどに
行いたい
お墓・法事関連

● 葬儀後も続く法要の流れは？

通夜・告別式が終わればそれで終了ではなく、その後も定期的に法要が行われます。法要は、大きく「**中陰法要**」と「**年忌法要**」の2つに分けられ、日単位、年単位で儀式が行われることになっています。一般的な仏教の場合、次のような流れで法要が行われます。

主な法要の流れ

7日目：初七日法要	12年目の命日：十三回忌
49日目：四十九日法要	22年目の命日：二十三回忌
100日目：百箇日法要	24年目の命日：二十五回忌
1年目の命日：一周忌	32年目の命日：三十三回忌
2年目の命日：三回忌	49年目の命日：五十回忌
6年目の命日：七回忌	

●中陰法要と年忌法要

　中陰法要とは、日単位で区切られた法要のことを指し、主なものには**葬儀・告別式後に行われる初七日法要、逝去後49日目に行われる四十九日法要**があります。一方、年単位で行われる年忌法要は、命日から数えて年単位で行われる法要です。例えば**1年目の命日には一周忌、2年目の命日には三回忌の法要があります**。

　すでに説明したように、初七日法要は葬儀・告別式の後に続けて行われる傾向がありますが、初七日法要の後は、死後49日目に行われる四十九日法要が行われるまでの間、7日おきに法要があります（二七日、三七日、四七日、五七日、六七日という。ちなみに49日目に当たる四十九日法要のことを七七日という場合もある）。しかしこちらも初七日法要同様、**近年では簡略化され行わない傾向にあります**。

■四十九日法要とは

　四十九日法要は、中陰法要の中では忌明けの節目となる大きな法要です。この四十九日法要では、お寺や自宅に親族が集まり、僧侶から読経をあげてもらった後に会食（精進落とし）があります。他に一周忌や三回忌などの年忌法要の際にも、四十九日法要のように親族が集まって、僧侶の読経の後に会食が行われます。

　前ページの図を見ると、いつまでも年忌法要が続くように感じるかもしれませんが、**年忌法要は、逝去後50年目までは定められた年数が経過したときに行われ、五十回忌を終えた後は50年おきになります**。

MEMO

納骨が行われるのはいつ？
遺族のタイミングに合わせて納骨を行なってかまいませんが、一般的には四十九日法要が終わったタイミングで納骨の儀式を行うケースが多いです（4-4参照）。お墓がない場合や子どもが亡くなりまだ納骨したくない場合などは、自宅で骨壷を保管する場合もあります（手元供養）。

お墓の購入の前に

| 対象 | 全員 | 期限 | 事情に応じて | 相談先 | 寺院・納骨堂 |

● よく検討してからお墓を購入しよう

納骨に決まった期限はありませんが、**一般的には四十九日法要が終わると納骨という流れになります。** 納骨は、文字どおり遺骨をお墓に埋葬することです。すでに納骨するお墓が決まっている場合はいいのですが、先祖から引き継がれているお墓が遠方のため管理できない場合や、そもそもお墓がないという場合は、お墓や供養についてを考えておく必要があります。

新たにお墓を購入する場合はまとまったお金が動きますから、どうするのかをよく検討してから購入してください。近年では、お墓のあり方や供養の仕方も変化してきており、多様なニーズに対応できるようさまざまなお墓が登場しています。ここでは、新たにお墓を用意しなくてはならない場合の考え方について説明していきます。

● 自分たちの条件から考える

お墓を用意するうえでまず考えておくとよいことは、**自分たちできちんとお墓の管理ができるかどうか**です。というのも、昔からある石のお墓（一般墓）を購入する場合、購入しただけでは済まず、お墓を用意した後は定期的に掃除を行うなどの管理が必要になってくるからです。

近年、少子化や若い人たちの故郷離れなどから、管理がされず無縁仏化してしまっているお墓が急増しています。

管理が十分にできる場合でかつ従来のようなお墓を用意したい場合は、一般墓と呼ばれている一般的な石のお墓を用意するといいでしょう。しかし管理が十分にできない可能性がある場合や後継ぎがいない場合などは、お墓が荒れてしまったり無縁仏になってしまったりすることを踏まえ、掃除や管理が最低限で済む納骨堂や合祀墓などを検討するのもよいかもしれません。

 MEMO

改葬するなら手続きが必要
先祖代々のお墓が遠方にあり、自分たちの住んでいる家の近くに移したいという人もいます。このように、もともとあった場所から新しい場所へお墓を移動することを「改葬」といいます。改葬には所定の手続きが必要になります。自分たちで勝手に改葬することは認められていないため、注意してください。

● 供養の仕方から考える

　自分たちが管理できるかどうかという視点の他に、自分たちが望む供養の仕方からお墓を考えることもできます。供養の仕方には、主に「一般墓」「永代供養墓」「自然葬」の3つがあります。

■ 一般墓

　よく知られている従来からあるお墓のことで、墓石に「○○家代々の墓」などと家名が彫刻されたものを指します。お墓はお寺や霊園に建立され、先祖代々にわたって供養されます。

■ 永代供養墓

　永代供養墓には**「納骨堂」**と**「合祀墓・合葬墓」**があります。納骨堂は近年人気の供養の仕方ですが、ロッカーのような棚の一区画を借りて遺骨を収め、そこをお墓として供養するというものです。「合祀墓・合葬

墓」は、遺骨を骨壷から取り出し、他の人と同じところに埋葬します。供養するときは、永代供養塔の前で行います。

■自然葬

　墓石ではなくシンボルツリーを墓標としてその付近に埋葬するという供養の仕方です。自然葬として多いのは樹木葬ですが、海に散骨する海洋葬もあります。他にも、従来はタブーとされてきた**ペットと一緒に入れるお墓**もあります。

こんなときは？ ....

 お墓の管理ができない気がして不安です……

 お墓は欲しいけど、管理の面で不安がある場合には、お寺や霊園が代わりに供養してくれる「永代供養」を検討してみるのもよいでしょう。
近年増えてきたロッカーのような個別の棚に遺骨を収める「納骨堂」が近場にあれば使いやすいかもしれません。
また、他の遺骨と一緒に埋葬する「合祀墓」なども管理が心配な人に選ばれています。納骨堂や合祀墓は、最終的にお寺や霊園が永代供養として供養を続けてくれるものなので、お墓を継ぐ人がいない人たちの間で人気が高い供養の方法になっています。

> 永代供養…お寺や霊園が代わりに供養してくれる
> 納骨堂……ロッカーのような個別の棚に遺骨を収める
> 合祀墓……他の遺骨と一緒に埋葬する

....

●親族の意向を聞いておこう

　供養の仕方は、お墓の管理を主に行う遺族の間で決めて問題ありません。ですが、従来のような一般墓以外のお墓を選んだ場合、他の親族から苦言を呈されることも考えられます。いらぬトラブルを引き起こさないためにも、決定前には他の親族の意向も聞いておきましょう。

お墓の費用と購入

| 対象 | 全員 | 期限 | 事情に応じて | 相談先 | 石材店・納骨堂 |

●お墓の費用はいくら？

どのような供養の方法であれ、お墓を新たに購入する際にはある程度のお金が必要です。お墓の購入を考えるなら、自分たちの希望する供養の方法だけでなく費用面もきちんと考えておきましょう。

■お墓の購入に必要になるお金

新しく一般墓を購入する場合にかかる費用は、お墓を建てるための「**墓石工事費**」、お寺や霊園の土地（墓地）を使用する権利を取得するための「**永代使用料**」、お墓を建てた後にかかる「**管理費**」などがあります。

これらの費用は地域や都道府県などによって差があります。特に都心は永代使用料が高額になりがちで、駅近などアクセス良好な場所の場合も比較的高額になる傾向があります。

永代使用料を安くすませるなら、地方自治体が管理している「**公営霊園**」も選択肢として考えましょう。自治体が管理・運営する墓地や霊園は、宗教や宗派を問わず、永代使用料や管理費が比較的安くなっています。墓石工事費用に含まれるものは、お墓本体である石材だけでなく、灯籠や外柵などがあります。墓石工事費は、石材の産地や加工法あるいは購入する石材店によって価格が大きく異なります。

■お墓購入の費用

新しく**お墓を建てるのに必要な金額は、一般的に150万円～350万円程度**といわれています。さらに管理費は毎年1～2万円程度かかります。お墓の値段は各家庭によってさまざまなため一概にはいえませんが、けして安い買い物ではないことがわかります。

ちなみに、最近人気のある納骨堂は、一般墓よりも比較的安く購入できます。**納骨堂を購入する場合に必要な金額は、一般的に30万円〜150万円ほど**といわれています。金額だけで比較すると、納骨堂がかなり安く感じますが、**納骨堂は一般墓と違って期間が限定されています。** 多くの納骨堂では、一般的に33年、長くて50年までと納骨できる期間が定められており、その期間を終えると永代供養墓で他の遺骨と一緒に供養されることになります。期間は長いけれど購入費用がかかる一般墓か、費用は抑えられるけれど期間限定の納骨堂か、費用だけで決めずに、自分たちの納得のいくお墓を決めていきましょう。

MEMO

お墓にお金をかけたくない場合
できるだけお墓にお金をかけたくない場合は、合葬墓・合祀墓を選ぶのも一つの方法です。しかし、合葬墓・合祀墓を選んだ場合は、他の遺骨と一緒に埋葬されてしまうことになるため、後から取り出して埋葬することができません。そうしたことが気にならない場合は、合葬墓・合祀墓の費用は5万円〜30万円程度が一般的ですから、他のお墓の購入費用と比べかなり安くすることができます。

●お墓はどこで購入できる？

　基本的にお墓を購入するなら「**石材店**」に依頼することになります。石材店とは一時的な付き合いではなく、お墓を建てた後も納骨や法要、墓石の修理などで長期的な付き合いになることが想定されますから、費用や条件のみで決めずによく検討しましょう。ただ、お寺や民間が運営する霊園によっては、石材店を指定しているケースもあるので、自分たちで石材店を決めてしまう前に、墓地を決めておき管理者の確認をとっておくと安心です。ちなみに**自治体が管理・運営を行っている墓地や霊園であれば、石材店の指定はありません。**

| 対象 | 全員 | 期限 | 四十九日 | 相談先 | 寺院・納骨堂 |

● 納骨の基本的な流れ

　納骨は、**遺骨をお墓や納骨堂に納めること**をいいます。納骨の仕方やタイミングは、信仰する宗教や宗派によってさまざまありますが、仏教では、亡くなってから49日までは自宅で供養を行い、四十九日法要を終えた後に納骨式を経て遺族の手で埋葬するのが一般的です。

　納骨式を行う際には、事前に納骨の場所や日取りを決め、僧侶に法要を依頼してください。宗派によって異なりますが、納骨式の際に卒塔婆（そとば・そとうば）が必要になる場合もあるので、読経をお願いする僧侶に相談しておきましょう。

MEMO

納骨式までにお墓が用意できなかったら？
手元供養をせずに納骨を希望する場合で、納骨式までにお墓（墓石）が用意できない場合でも、問題なく納骨式は行えます。ただし、墓石を設置する場所は用意しておく必要があります。

■納骨式を行う

　四十九日法要が終わった後の納骨式の流れは、**施主挨拶、納骨、読経・納骨・施主挨拶、会食の順で行われます。**法要が終わった後、納骨式に参列する遺族・親族でお墓のある場所へ向かい、施主の挨拶の後に納骨を行います。納骨が終わると、僧侶が納骨経と呼ばれるお経をあげ、その間に参列者は焼香を行います。

　ちなみに、新しくお墓を建立した場合は、僧侶によって納骨の前に開眼供養（かいげんくよう）が行われます。開眼供養とは、魂入れあるいは入魂式ともいわれ

ますが、新しくお墓や仏壇が完成した際に、お墓や仏壇に魂を入れて安置するための儀式です。開眼供養を行う場合は、四十九日法要や納骨式のお布施の他に開眼供養のためのお布施も必要になります。

●埋葬証明証を確認しておこう

　納骨式で遺骨を埋葬するには、事前に埋葬許可証を用意しておかなければなりません。 この埋葬許可証というのは、市区町村役場で死亡届を提出した際に発行された火葬許可証と同じもので、火葬場から返却があったものを埋葬許可証と呼んでいます。一般的に納骨が行われるのは四十九日法要の際ですから、火葬が行われてからしばらく日が空いてしまいます。そのため紛失してしまう人も少なくありませんが、再発行してもらうには発行手数料がかかりますので大切に保管してください。

　また、**事情によっては2ヵ所以上の場所で納骨することもあります。その際には、事前に火葬場に申請し、分骨証明書を発行してもらいましょう。** 分骨証明書がないまま遺骨を分けて埋葬してしまうと、死体遺棄罪になってしまうため十分な注意が必要です。

●四十九日法要で納骨しない場合はいつ納骨する？

　本書では、一般的に四十九日法要の後で納骨されるとお伝えしていますが、四十九日法要で納骨しないケースも当然あります。

　四十九日法要以外のタイミングで納骨する場合として多いのは、百箇日や一周忌のタイミング、あるいは三回忌まで待つ人もいます。繰り返しお伝えしているように、納骨のタイミングはお墓の事情や親族の集まりやすさだけでなく遺族の心の整理とも深く関係するものです。場合によっては、手元供養として自宅で遺骨を保管するなど納骨を行わないという選択をする人もいます。自宅にお墓を立てたり埋葬したりするのは法律違反になりますが、**自宅の仏壇などで保管し供養を続ける場合は何の問題もなく手続きも不要**です。

1年をめどに
行いたい諸手続き

故人の確定申告が必要か確認する

| 対象 | 相続人 | 期限 | 亡くなってから4ヵ月以内 | 相談先 | 税理士 |

● 故人の収入があれば確定申告が必要か確認する

故人の亡くなった年に、故人について収入があれば、確定申告をする必要があります。故人の確定申告を準確定申告といいます。**準確定申告は原則として、故人が亡くなってから4ヵ月以内に相続人が行います**。

まずは準確定申告が必要かどうかを確認してみましょう。確認のポイントは以下のとおりです。

確認のチェックポイント
☐ 故人が前年に確定申告をしているかどうかを見る
☐ 故人の公的年金の源泉徴収票に税額がある
☐ 故人の通帳に、公的年金以外の収入があるかどうかを見る

確認ポイント① 故人が前年に確定申告をしているかどうかを見る

確定申告しているかどうかは、故人の遺品の中に、前年以前の確定申告書があるかどうかや、通帳から所得税が引かれていないかどうかを確認します。

故人の確定申告の状況がわからない場合は、**相続人全員の印鑑証明書を用意できれば、所轄の税務署で故人の確定申告書を確認**できます。

所轄税務署は以下のURLで確認できます。
https://www.nta.go.jp/about/organization/access/map.htm

確認ポイント② 故人の公的年金の源泉徴収票に税額がある

　故人の未支給年金の請求（5-8参照）などをするときに、合わせて公的年金の源泉徴収票を請求します。源泉徴収票に金額がある場合には、確定申告により税金の還付を受けられる場合があるので、準確定申告を検討してみましょう。

公的年金等の源泉徴収票

令和**4**年分　公的年金等の源泉徴収票

金額を確認

	住所又は居所	船橋市旭町2丁目XX-XX	個人番号			

| 支払を受ける者 | （フリガナ）
氏　名 | ムスビ　タロウ
結　太郎 | 生年
月日 | 明治　大正　昭和　平成　令和
7年　**1**月　**1**日 |

区分	支　払　金　額	源　泉　徴　収　税　額
所得税法第203条の3第1号・第4号適用分	**2**,**114**,**059**円	**10**,**584**
所得税法第203条の3第2号・第5号適用分		
所得税法第203条の3第3号・第6号適用分		
所得税法第203条の3第7号適用分		

	法人番号	6 0 0 0 0 1 2 0 7 0 0 0 1
支払者	所在地	東京都千代田区霞ヶ関1丁目2番2号
	名称	厚生省年金局 事業企画長

確認ポイント③ 故人の通帳に、公的年金以外の収入があるかどうかを見る

　さらに、故人の通帳を確認してみましょう。**故人の通帳に不動産収入や個人事業の売上などが入金されている場合には確定申告を行わなければならない**かもしれません。

　通帳を見ることで故人がどのように生計を立てていたかがわかります。その他にも多くの情報があるので、遺品を整理する際には通帳をまず探すのもポイントです（3-3、6-4参照）。

　それでも準確定申告が必要かどうか不明であれば、最寄りの税務署か税理士に相談してみましょう。

●準確定申告を行う際の注意点

　準確定申告は、原則として確定申告と同様に作成します。扶養控除や基礎控除なども確定申告と同じです。確定申告と大きく違うのは、故人の所得税を誰が払うのか、もしくは誰が還付金を受けるのかを届け出る必要があります。

　この書類を**『死亡した者の＿年分の所得税及び復興特別所得税の確定申告書付表』**といいます。この書類により、納税や還付を受ける者を届け出ます。この付表により、誰がいくら納税もしくは還付を受けるかが確定します。

　ただ、申告するまでに誰が所得税を払うのかなどが決まらない場合もあるでしょう。その場合には、『3．相続人等の代表者等の指定』欄に、相続人代表の氏名を記入します。そうすることで、その代表相続人が納税もしくは還付を受けることができます。**一旦代表相続人が手続きを行い、後で各相続人の負担を決める場合は、代表相続人の指定を利用すると便利です**。また代表相続人を決めておけば、電子申告も可能です。

> 準確定申告のポイント
> □ 各相続人の負担を決める付表を提出する必要がある
> □ 代表相続人を決めておけば、その代表相続人が納税や還付を全て
> 　行うことができ、さらに電子申告も可能になる。

MEMO

確定申告が必要ない場合の例
収入がある場合でも、下記の場合には準確定申告が不要になります。
- 故人が会社員、パート等の給与所得者の場合で、年末調整が終わっているとき
- 故人が年金受給者で受給額が400万円以下で、他の所得が20万円以下の場合
- 相続人自身が相続放棄をした場合

死亡した者の所得税等の確定申告書付表

代表相続人の氏名等を記入します

他の相続人の氏名を記入します

ここに代表者を記入します

令和

死亡した者の **3** 年分の所得税及び復興特別所得税の確定申告書付表

（兼相続人の代表者指定届出書）

○この付表は、申告書と一緒に提出してください。

1	死亡した者の住所・氏名等						
住所	（〒273-0041）千葉県船橋市旭町2-××-××	氏名	フリガナ ムスビ 結	タロウ 太郎	死亡年月日	令和 3年 8月28日	

2	死亡した者の納める税金又は還付される税金	第3期分の税額	還付される税金のときは頭部に△の印を付けてください。	59,000 円 … A

3	相続人等の代表者の指定	代表者を指定されるときは、右にその代表者の氏名を書いてください。	相続人等の代表者の氏名	結 那美

4	限定承認の有無	相続人等が限定承認をしているときは、右の「限定承認」の文字を○で囲んでください。	限定承認

5 相続人等に関する事項	(1) 住所	（〒273-0041）千葉県船橋市旭町2-××-××	（〒872-1501）大分県東国東郡姫島村××××	（〒273-0041）千葉県船橋市旭町2-××-××	（〒　-　）
	(2) 氏名 フリガナ	ムスビ ナミ 結 那美	アマ ヒトネ 天 一根	ムスビ オシオ 結 忍男	フリガナ
	(3) 個人番号	123456789012	222256789012	345676789012	
	(4) 職業及び被相続人との続柄	職業 無職 続柄 妻	職業 公務員 続柄 長女	職業 自営業 続柄 長男	職業 続柄
	(5) 生年月日	明・大・昭・平・令 10年 2月 2日	明・大・昭・平・令 32年 5月 5日	明・大・昭・平・令 35年 7月 7日	明・大・昭・平・令 年 月 日
	(6) 電話番号	000-000-047	000-000-0978	000-000-047	－　－
	(7) 相続分 … B	法定・指定 1/2	法定・指定 1/4	法定・指定 1/4	法定・指定
	(8) 相続財産の価額	円	円	円	

6 納める税金等	各人の納付税額 A × B（各人の100円未満の端数切捨て）	29,5 00円	14,7 00円	14,7 00円	00円
	各人の還付金額（各人の1円未満の端数切捨て）	円	円	円	円

7 還付される税金の受取場所	振込みを希望する場合	銀行名等	銀行・金庫・組合・農協・漁協	銀行・金庫・組合・農協・漁協	銀行・金庫・組合・農協・漁協	銀行・金庫・組合・農協・漁協
		支店名等	本店・支店・出張所・本所・支所	本店・支店・出張所・本所・支所	本店・支店・出張所・本所・支所	本店・支店・出張所・本所・支所
		預金の種類	預金	預金	預金	預金
		口座番号				
	ゆうちょ銀行の貯金口座に振込みを希望する場合	貯金口座の記号番号	－	－	－	－
	郵便局等窓口受取りを希望する場合	郵便局名等				

税金の額に相続分を乗じた金額を記入します

わからなければ記入不要です

(注)　「5　相続人等に関する事項」以降については、相続を放棄した人は記入の必要はありません。

税務署整理欄	整理番号	0		0		0		0		連番号
	番号確認 身元確認	□ 済 □ 未済		□ 済 □ 未済		□ 済 □ 未済		□ 済 □ 未済		

故人の事業を引き継ぐ場合の手続き

| 対象 | 事業を引き継ぐ人 | 期限 | 亡くなってから4ヵ月以内 | 相談先 | 税理士 |

●個人事業主の事業を引き継いだ場合の手続き

　故人が亡くなる前に営んでいた**事業（不動産貸付業を含む）**がある場合、相続人がその事業を引き継ぐ際に必要な手続きがあります。

事業を引き継いだ際に行う手続き
☐ 故人の準確定申告書の提出及び納税（5-1参照）
☐ 消費税課税事業者届出書
　（故人の前々年の売上が1,000万円を超える場合のみ）
☐ 青色申告の承認申請
☐ 適格請求書発行事業者の登録

■青色申告の承認申請とは

　青色申告とは、事業上の収支などを正規の簿記により会計帳簿に記録し、青色申告決算書を作成し、申告期限内に提出することにより各種の優遇を受けられる制度です。また電子申告を行うことでさらに優遇を受けることができます。青色申告は任意ですが、承認を受けることをおすすめします。また、青色申告承認申請書の提出には期限があります。

青色申告の優遇規定（主なもの）
☐ 青色申告特別控除（最大55万円、電子申告をすると65万円）
☐ 青色事業専従者給与を経費にできる
☐ 30万円までの固定資産を一度に経費にできる

青色申告承認申請書の提出期限

亡くなった日	提出期限
1/1〜8/31	亡くなってから4ヵ月以内
9/1〜10/31	亡くなった年の12/31
11/1〜12/31	亡くなった年の翌年2/15

青色申告承認申請書

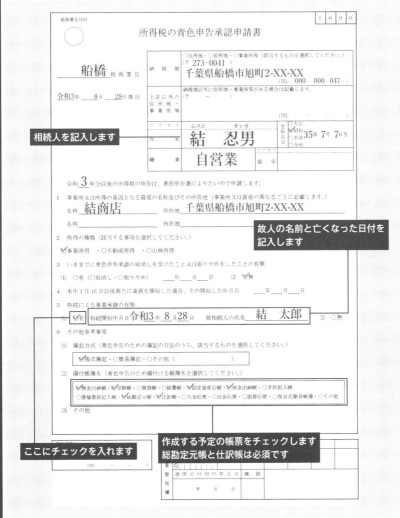

相続人を記入します

故人の名前と亡くなった日付を記入します

ここにチェックを入れます

作成する予定の帳票をチェックします
総勘定元帳と仕訳帳は必須です

● 消費税の申告は必要？

　故人の事業の前々年の売上高が1,000万円を超える場合には、原則として相続人は消費税の申告が必要になります。その場合、事業を引き継いだ相続人が所轄税務署に「消費税課税事業者届出書（基準期間用）」を提出します。この場合は事業を引き継いだ年から消費税の申告をして、消費税を納税しなければなりません。

■適格請求書発行事業者とは？

　令和5年10月よりインボイス制度が開始されます。インボイス制度とは消費税の申告を行う際に、インボイス登録している事業者より受け取った領収書等がないと、税額控除を行えない制度です。**故人の事業の年間売上が1,000万円を超えている場合には、一般的には事業を引き継いだ相続人が引き続きインボイス登録をする必要があります。**

　インボイス登録をしている事業者は登録番号を持っていますが、相続人は故人の登録番号を引き継ぐことはできません。ですので、**相続人が改めてインボイス登録をする必要があります。**

　故人の事業の年間売上高が**1,000万円以下の場合には、慌ててインボイスの登録を受ける必要はありません。**インボイス制度を十分理解したうえで、登録するかどうかを決めましょう。

こんなときは？ ・・

 インボイスの登録をすると、消費税の申告はどうなりますか？

 原則として、基準期間（個人事業の場合は2年前）の売上高が1,000万円以下の場合、消費税の申告をする必要がありません。ところがインボイスの登録を行うと、たとえ売上高が1,000万円以下であっても消費税を申告し、納付しなければなりません。売上先が会社の場合は、売上先で消費税の控除を受けるためインボイスの登録をおすすめしますが、売上先が消費者の場合は、売上先で消費税の控除を受けないので、インボイスの登録は必要ありません。

・・

第5章 03 遺族年金などの基礎知識

対象	故人に生計を維持されていた遺族（基本ガイダンス）
相談先	年金事務所などの公的機関・社会保険労務士

● 遺族年金とは

　遺族年金は、家計を支える人が亡くなったときに遺族に給付される公的年金です。遺族年金は遺族の生活を支える重要な柱になり得るものなので、受給できる場合にはすみやかに請求手続きを行いたいものです。ここでは遺族年金についての基本的な情報を解説します。

■「遺族基礎年金」と「遺族厚生年金」

　遺族年金は、大きく分けて**「遺族基礎年金」と「遺族厚生年金」**の2つがあります。原則として日本国内に住所のある20歳以上60歳未満の人（第二号被保険者の場合70歳まで）は国民年金の被保険者に該当するのですが、その人の属性によって被保険者の種類が違います。故人が国民年金のどの被保険者だったかによって給付される年金の種類が決まります。

故人の属性・国民年金被保険者別「遺族年金等一覧」

故人の属性	国民年金被保険者の種類	支給される遺族年金
自営業・学生など	第一号被保険者	遺族基礎年金 ➡ 5-4を参照 死亡一時金 ➡ 5-7を参照 寡婦年金 ➡ 5-7を参照
会社員・公務員	第二号被保険者	遺族基礎年金 ➡ 5-4を参照 遺族厚生年金 ➡ 5-5を参照 中高年寡婦加算 ➡ 5-6を参照
会社員・公務員の被扶養配偶者	第三号被保険者	遺族基礎年金 ➡ 5-4を参照

●遺族年金などを受け取ることができる遺族の要件

　どんな遺族が遺族年金などを受け取ることができるのか、遺族の要件を見てみましょう。まず全ての遺族に共通して必要な要件は、**故人の死亡当時、故人によって生計を維持されていたこと**となります。

MEMO

生計を維持されていたとは
「故人に生計を維持されていた」とは、故人の死亡当時、故人と生計を同一にしていた（同居、または仕送りを受けながらの別居、健康保険の被扶養者であったなどの場合に認められます）人のことで、原則として年収850万円未満の方が該当します。死亡当時の年収850万円以上でも、おおむね5年以内に年収が850万円未満となる見込み（退職や廃業など）が認められる場合は対象になります。

　遺族年金の対象となる遺族と、受給できる可能性のある遺族年金などの種類は次ページの図のとおりです。遺族のうち最も優先順位の高い方が遺族年金等を受け取ることになります。

　図の中で示している「子」「孫」「配偶者のうち夫」「父母」「祖父母」については、次の要件を満たしていないと遺族年金などの対象にならないので、注意してください。

子、孫についての要件
　未婚でかつ次のいずれかであること。
　①故人の死亡時点で18歳になる年度の3月末日までの期間にある
　②20歳未満で障害等級1級または2級の障害の状態にある（障害年金の等級は障害者手帳の等級とは異なります）
夫、父母、祖父母についての要件
　故人の死亡時点で55歳以上であること。

遺族と受給可能性のある遺族年金等の種類

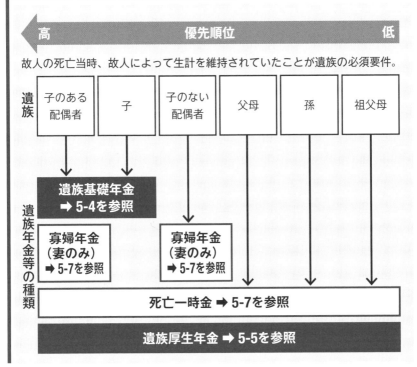

このように故人が加入していた国民年金の被保険者種類と遺族の続柄などに応じて、受給できる遺族年金などの種類が決まってきます。5-4以降で「遺族基礎年金」「遺族厚生年金」「寡婦年金と死亡一時金」など、それぞれの遺族年金などについて、もう少し詳しく解説していくので、自分に該当しそうなものを確認ください。

MEMO

わからないときは社会保険労務士へ相談
日本の年金制度は少し構造が複雑です。個別具体的な受給要件や年金額などについては、年金事務所などへのお問い合せと確認が必要です。社会保険労務士など専門家の力を借りるのもよいでしょう。

● 年金についてのお問い合せ先

　先述したように、個別具体的な受給要件や年金額などについては、年金事務所などへのお問い合せと確認が必要です。お問い合せや相談ができる窓口は次のとおりです。

■ねんきんダイヤル

　年金についての一般的な案内や、年金事務所などの相談予約を行う電話相談窓口です。

ねんきんダイヤル
0570-05-1165

来訪相談予約受付専用電話
0570-05-4890

※代理人（二親等以内）から問い合わせる場合は、本人と代理人の基礎年金番号も必要になります。

■街角の年金相談センター

全国にある年金相談センターです。年金についての相談や手続きができます。日本年金機構のホームページから所在地等を確認できます。

■年金事務所

全国にある年金事務所です。年金についての相談や手続きができます。日本年金機構のホームページ（https://www.nenkin.go.jp/n_net/）から所在地等を確認できます。

第5章 04 遺族基礎年金とは

対象	子のある配偶者または子で、受給資格を満たす遺族

期限	5年以内	相談先	社会保険労務士

● 遺族基礎年金がもらえる遺族の要件

遺族基礎年金がもらえる遺族は次のいずれかです。また、いずれの場合であっても故人に生計を維持されていたことが必須です（生計維持要件については96ページを参照）。

遺族基礎年金がもらえる遺族
①下記の子がいる配偶者
②故人の死亡時点で、18歳になる年度末（3月31日）までの間にあるか、20歳未満で障害等級1級または2級の障害の状態にある、未婚の子

つまり、**子のいない配偶者、父母、孫や祖父母には支給されません。原則として18歳未満の子どもがいることが必要**です。なお、故人の死亡時に胎児だった子どもは出生以降に対象となります。

● 故人の被保険者資格などの要件

故人についても要件があります。死亡当時、故人が次のいずれかにあてはまることが必要です。

1. 国民年金の被保険者。かつ、次の保険料納付要件のいずれかを満たしている。
   1. 死亡日の前日において、死亡日の含まれる月の前々月までの被保険者期間のうちの2/3以上の期間、保険料を納付している

か、申請して保険料を免除してもらっていること。

  2. 死亡時に65歳未満で、死亡日の含まれる月の前々月までの直近1年間に保険料の未納がないこと（2026年3月末までの特例）。

2. 日本国内に住所があり60歳以上65歳未満で、過去、国民年金の被保険者だったことがある。かつ、次の保険料納付要件のいずれかを満たしている。

  1. 死亡日の前日において、死亡日の含まれる月の前々月までの被保険者期間のうちの2/3以上の期間、保険料を納付しているか、申請して保険料を免除してもらっていること。

  2. 死亡時に65歳未満で、死亡日の含まれる月の前々月までの直近1年間に保険料の未納がないこと（2026年3月末までの特例）。

3. 老齢基礎年金をもらっていた方で、保険料を納付済みの期間、申請して保険料を免除された期間、保険料は払っていないが特別に合算される期間（合算対象期間といいます）の合計が25年以上ある方。

4. 老齢基礎年金はもらっていないが、もらえる資格を満たしていた方で、保険料を納付済みの期間、申請して保険料を免除された期間、保険料は払っていないが特別に合算される期間（合算対象期間といいます）の合計が25年以上ある方。

● 遺族基礎年金の金額と請求方法

　遺族基礎年金は一律の額で、子どもの人数に応じた加算があります。また、遺族基礎年金は遺族厚生年金と同時に請求もできます。請求方法は103ページの遺族厚生年金の請求の解説を参照ください。

- 子のいる配偶者が受け取るとき：777,800円＋子の加算額
- 子が受け取るとき：777,800円＋2人目以降の子の加算額

*1人目、2人目の子の加算額：各223,800円、3人目以降の加算額：各74,600円（上記金額は、2022年度の金額です）

遺族厚生年金とは

| 対象 | 受給資格を満たす遺族 | 期限 | 5年以内 |
| 相談先 | 社会保険労務士 |

●遺族厚生年金がもらえる遺族の要件

遺族厚生年金がもらえる遺族は次のいずれかです。また、いずれの場合であっても故人に生計を維持されていたことが必須です（生計維持要件については96ページを参照）。

遺族厚生年金がもらえる遺族の要件
（※障害年金の等級は障害者手帳の等級とは異なります）

①	妻	子のいない30歳未満の妻に対する給付は5年間まで
	夫	55歳以上であることが必要
	子	18歳になる年度末までの間にあるか、20歳未満で障害等級1級または2級の障害の状態にあるかで、未婚であることが必要
②	父母	55歳以上であることが必要
③	孫	18歳になる年度末までの間にあるか、20歳未満で障害等級1級または2級の障害の状態にあるかで、未婚であることが必要
④	祖父母	55歳以上であることが必要

■遺族厚生年金をもらえる遺族の優先順位

遺族厚生年金をもらえる遺族の優先順位は上図の番号の順番のとおりです。上位の遺族がいれば下位の遺族はもらえません。同位の遺族がいる場合は年金額を等分した額を各々もらうことになりますが、配偶者と子どもの場合は、配偶者にまとめて支給されます。

● 故人の被保険者資格などの要件

故人についても要件があります。死亡当時、故人が次のいずれかにあてはまることが必要です。

故人の被保険者資格などの要件

1. 厚生年金の被保険者。かつ、次の保険料納付要件のいずれかを満たしている。
   1. 死亡日の前日において、死亡日の含まれる月の前々月までの被保険者期間のうちの2/3以上の期間、保険料を納付しているか、申請して保険料を免除してもらっていること。
   2. 死亡時に65歳未満で、死亡日の含まれる月の前々月までの直近1年間に保険料の未納がないこと（2026年3月末までの特例）。
2. 厚生年金の被保険者であった期間に初診日がある病気やケガが原因で、初診日から5年以内に死亡したとき。かつ、次の保険料納付要件のいずれかを満たしている。
   1. 死亡日の前日において、死亡日の含まれる月の前々月までの被保険者期間のうちの2/3以上の期間、保険料を納付しているか、申請して保険料を免除してもらっていること。
   2. 死亡時に65歳未満で、死亡日の含まれる月の前々月までの直近1年間に保険料の未納がないこと（2026年3月末までの特例）
3. 1級・2級の障害厚生年金をもらっていた方。
4. 老齢厚生年金をもらっていた方で、保険料を納付済みの期間、申請して保険料を免除された期間、保険料は払っていないが特別に合算される期間（合算対象期間といいます）の合計が25年以上ある方。
5. 老齢基礎年金はもらっていないが、もらえる資格を満たしていた方で、保険料を納付済みの期間、申請して保険料を免除された期間、保険料は払っていないが特別に合算される期間（合算対象期間といいます）の合計が25年以上ある方。

※初診日とは、死亡の原因となった病気やケガで、初めて医師や歯科医師の診療を受けた日のことです（医師を変更しても最初にその病気で診療を受けた日が初診日になります）。

●遺族厚生年金はいくらもらえるの？

　故人がもらえたはずの老齢厚生年金（厚生年金保険加入期間と納付した保険料の実績に応じて計算される「報酬比例部分」の部分が対象になります）の4分の3の額となるので、人によって金額が異なります。個別具体的な金額は年金事務所などに確認する必要があります。

●遺族厚生年金を請求する

　遺族厚生年金と遺族基礎年金の両方を受給できるとき、遺族厚生年金と遺族基礎年金は同時に請求できます。請求に利用するのは、「年金請求書（国民年金・厚生年金保険遺族給付）」です。請求書に付属して書かれている注意事項と記入例を確認しながら記入していき、不明な箇所が残ったときは窓口で相談しながら記入すればよいでしょう。

提出先など

提出先	遺族基礎年金のみに該当するときは市区町村、それ以外は年金事務所、街角の年金相談センター
届出書類	「年金請求書（国民年金・厚生年金保険遺族給付）」 市区町村、年金事務所、街角の年金相談センターの窓口、日本年金機構のホームページから入手できます。
必要書類	①基礎年金番号通知書、②年金証書、③戸籍謄本等、④世帯全員の住民票、⑤住民票の除票、⑥所得証明書等、⑦死亡診断書のコピー、⑧請求者の預金通帳コピー、⑨その他必要により子の学生証等 ※①②③は故人と請求者のものが必要。④⑥は請求者の、⑤⑦は故人のものが必要。住民票と収入を証明する書類はマイナンバーカードの提示とマイナンバーの記載により省略できる場合もあります。 ※故人や請求者の方の状況に応じ、必要な提出書類が異なる場合や、追加の添付資料が必要な場合もあります。代理人が相談等を行う場合は委任状と代理人の身分証明が必要です。

103

● 年金請求したあとの流れ

「年金請求書」を提出後、「年金証書」「年金決定通知書」「年金を受給される皆様へ（パンフレット）」が日本年金機構から自宅に届きます。

年金証書が自宅に届いてから約1～2ヵ月後に、年金の振り込みが始まります。偶数月に2ヵ月分の年金が指定された口座へ振り込まれます。

● 年金が複数もらえる場合の調整について

公的年金は1人1年金が原則です（遺族基礎年金と遺族厚生年金はセットで1つとみなされ、両方をもらうこともできます）。2つ以上の年金をもらえる権利があるときは、どちらを選択するか届け出が必要なケースもあります。また、遺族厚生年金の受給権者が65歳以上の場合は、2つ以上の年金を併給してもらえる場合もあります。

年金に関してどのような選択をすればよいのかについても、年金事務所や街角の年金相談センターは相談に応じてくれます。

また、年金との調整ではありませんが、市区町村から児童扶養手当をもらっている方が遺族年金をもらうようになった場合、児童扶養手当が不支給になることや減額されることがあります（児童扶養手当については、5-9を参照）。

> 受給権者が65歳以上の場合、同時に受給できる年金の例
> ①遺族厚生年金＋老齢基礎年金
> ②遺族厚生年金＋障害基礎年金

● 遺族年金をもらえる権利がなくなるとき

受給権者が死亡したとき、結婚したとき（内縁関係も含む）、故人と離縁したとき、養子となったとき（直系血族または直系姻族以外の）は、遺族年金をもらう権利がなくなります。他、子や孫が、18歳になった年度の末日に達したときなど、受給要件を満たさなくなったときも同様です。

第5章 06 遺族厚生年金をもらう妻に加算される中高齢寡婦加算

| 対象 | 遺族厚生年金がもらえる妻で条件を満たす人 | 相談先 | 社会保険労務士 |
| 期限 | 個別の手続きは原則不要 |

● 遺族厚生年金の「中高齢寡婦加算」とは

　遺族厚生年金はもらえるが遺族基礎年金はもらえない妻（18歳までの子がいないなど）に対して、遺族厚生年金に加算して支給されるものです。個別の手続きは原則不要で、遺族厚生年金請求時に要件を確認され、該当すれば年金額に加算されます。

> 受給期間
> 妻が65歳になるまで
> 受給額
> 年額583,400円（2022年時点）

■ 中高齢寡婦加算がもらえる妻の要件

　遺族厚生年金の受給権者である妻が、次のいずれかに当てはまることが条件になります。

> ①夫が死亡したときに妻が40歳以上65歳未満で、生計を共にする子（18歳になる年度の3月末日までの期間にあるか、20歳未満で障害等級1級または2級の障害の状態にある子）がいない。

> ②遺族基礎年金と遺族厚生年金をもらっていた妻（40歳に達した当時、子がいるため遺族基礎年金をもらっていた妻に限る）が、子が18歳になった年度の3月末日を過ぎた（あるいは障害のある子が20歳に達した）ため、遺族基礎年金をもらえなくなった。

■中高齢寡婦加算がもらえる故人（夫）の要件

　死亡当時、老齢厚生年金の受給権者または受給資格を満たしていたことにより妻に遺族厚生年金の受給資格が得られた場合には、厚生年金の被保険者期間が20年（特例により老齢厚生年金の受給資格を満たした場合はその期間）以上あることが要件になります。

中高齢寡婦加算の支給イメージ

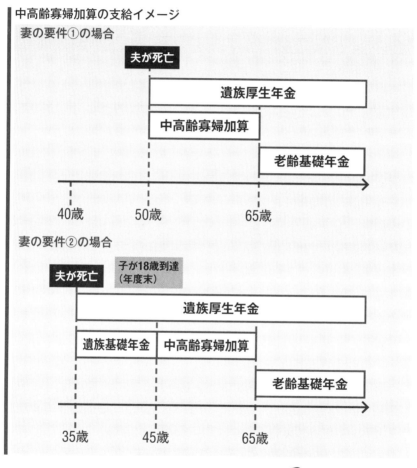

妻の要件①の場合

夫が死亡

遺族厚生年金

中高齢寡婦加算

老齢基礎年金

40歳　　50歳　　65歳

妻の要件②の場合

夫が死亡　　子が18歳到達（年度末）

遺族厚生年金

遺族基礎年金　中高齢寡婦加算

老齢基礎年金

35歳　　45歳　　65歳

個別の手続きは原則不要です。自分が該当するかどうか、窓口で質問しましょう

妻には寡婦加算や寡婦年金があるのに、夫にはないのはなぜですか？

 日本の年金保険には、「夫が家計を支える大黒柱で妻は専業主婦として家事に従事する」という世帯モデルをベースに設計されていた名残が残っています。遺族が妻である場合にのみ受け取れる年金等があるのも、その一つだと思われます。時代と共にこのような差は変わりつつあり、さまざまな社会保障の給付が、母親だけでなく父親にも、妻だけでなく夫にも、と給付の対象を広げています。

●65歳以降に経過的寡婦加算をもらえる人も

　妻が65歳になると自分の老齢基礎年金がもらえるようになり、中高齢寡婦加算は支給されなくなりますが、昭和31年4月1日以前生まれの方に限り、65歳以降も経過的寡婦加算が支給されます。これは老齢基礎年金の額が中高齢寡婦加算の額よりも少ない場合に、65歳到達前後における年金額の低下を防止するために設けられた制度です。

受給期間
妻が65歳以降で、遺族厚生年金の支給期間。
受給額
**経過的寡婦加算の額＝中高齢寡婦加算の額－（老齢基礎年金の満額
×生年月日に応じて設定された乗率）**

寡婦年金と死亡一時金

対象	遺族基礎年金をもらえない子のある配偶者または子で、受給資格を満たす遺族

期限	寡婦年金5年、死亡一時金2年	相談先	社会保険労務士

● 寡婦年金と死亡一時金の両方はもらえない

　寡婦年金と死亡一時金は遺族基礎年金を受給できる場合は支給されません。また、**寡婦年金と死亡一時金の両方をもらうことはできません。どちらか一方を選択することになります**。どちらをもらったほうが有利なのかは、故人の保険料納付実績や妻の年齢などによって異なります。

● 寡婦年金について

　寡婦年金は、自営業などの夫を亡くし、18歳未満などの子どもがいないため、遺族基礎年金が受給できない妻に給付される年金です。妻が60歳から65歳になるまでに限って給付されます。つまり、夫の死亡時に妻が既に65歳以上の場合、寡婦年金はもらえません。なお夫に対しては同様の年金はありません。

■寡婦年金がもらえる妻の要件

　寡婦年金をもらうには、故人の死亡時に妻が次の要件を全て満たしている必要があります。

> 寡婦年金がもらえる妻の要件
> ①故人に生計を維持されていたこと（96ページ参照）。
> ②婚姻関係（事実婚を含む）が10年以上継続していること。
> ③自分の老齢基礎年金を繰り上げしてもらっていないこと。

■寡婦年金がもらえる故人の要件

故人についても、次の要件を全て満たしている必要があります。

> **寡婦年金がもらえる故人の要件**
> ①第1号被保険者として保険料を納付している期間が10年以上ある。
> （合算できる免除期間もあり）
> ②過去、障害基礎年金、老齢基礎年金をもらったことがない。

■寡婦年金はいくらもらえるの？

　もらえる寡婦年金の金額は、**亡くなった夫が65歳まで生きていたらもらえたはずの老齢基礎年金の4分の3に相当する額**となります。夫の老齢基礎年金は、20歳から60歳になるまでの40年間の国民年金保険料納付実績などに応じて計算されますが、満額の老齢基礎年金は777,800円です（2022年度の金額）。

●死亡一時金について

　死亡一時金は、自営業などの方が亡くなり、遺族基礎年金も寡婦年金ももらえない遺族に対して給付される一時金です。

■死亡一時金がもらえる遺族の要件

　死亡一時金をもらうには、遺族が次の要件に該当する必要があります。

> **死亡一時金がもらえる遺族の要件**
> ①故人と生計を同じくしていたこと。
> ②配偶者、子、父母、孫、祖父母、兄弟姉妹のいずれかであること
> （優先順位は記載の順。いずれも遺族年金を受給できないこと）。

MEMO

生計を同じくしていたとは
「生計を同じくしていた」とは「生計を維持されていた」とは異なり、収入に関する要件がありません。あくまでも「生計を同一にしていた事実があるか」が、ポイントになります。

■死亡一時金がもらえる故人の要件

故人についても、次の要件を全て満たしている必要があります。

死亡一時金がもらえる故人の要件
①第1号被保険者として保険料を納付している期間が3年以上ある。（合算できる免除期間もあり）
②過去、障害基礎年金、老齢基礎年金をもらったことがない。

■死亡一時金はいくらもらえるの？

死亡一時金の額は、故人が保険料を納めた月数に応じて計算され、12万円から32万円となります。また、付加保険料を納めた月が36月以上ある場合、8,500円加算されます。

保険料納付済み月数	支給額
36月以上180月未満	120,000円
180月以上240月未満	145,000円
240月以上300月未満	170,000円
300月以上360月未満	220,000円
360月以上420月未満	270,000円
420月以上	320,000円

●寡婦年金と死亡一時金を請求する

寡婦年金と死亡一時金は、以下の提出先に請求しましょう。

提出先	市区町村役場の窓口または年金事務所
届出書類	「年金請求書（国民年金寡婦年金）」「国民年金死亡一時金請求書」用紙は各窓口にあり、日本年金機構のホームページからダウンロードもできます。
添付書類	故人の基礎年金番号通知書、故人と請求者の続柄を確認できる書類（戸籍謄本等）、世帯全員の住民票、請求者の通帳の写し（請求書に金融機関の証明をもらえば省略できる）、請求者の年収を確認できる書類（源泉徴収票等）。詳しくは各請求書に記載の注意書きを確認してください。 住民票と収入を証明する書類はマイナンバーカードの提示とマイナンバーの記載により省略できる場合もあります。また死亡一時金は、収入を証明する書類は不要です。

●わからなければ専門家に相談する

寡婦年金と死亡一時金どちらをもらったほうが有利なのかわからないときは、年金事務所や社会保険労務士などの専門家に相談するとよいでしょう。年金についての問い合せ先は98ページを参照ください。

	寡婦年金	死亡一時金
故人の要件	第1号被保険者として保険料を納付していた	
	10年以上納付（合算できる免除期間あり）	3年以上納付（合算できる免除期間あり）
	過去に障害基礎年金、老齢基礎年金をもらったことがない。	
遺族の要件	故人に生計を維持されていた	故人と生計を同じくしていた
	婚姻関係（事実婚を含む）を10年以上継続していた妻（夫はNG）	配偶者、子、父母、孫、祖父母、兄弟姉妹のいずれか
	65歳未満	年齢制限なし
	自分の老齢基礎年金を繰り上げしてもらっていない	
注意点	どちらか一方しかもらえない	
支給期間	60～65歳の間に支給	請求後、1回のみもらえる

故人がもらえたはずの未支給の年金を請求する

対象	故人が年金受給者だった場合	期限	5年以内
相談先	社会保険労務士		

●年金は亡くなった月の分までもらえる

公的年金をもらっていた方が亡くなった場合、死亡月の分まで年金を受給できます。公的年金は、偶数月に15日に2ヵ月分（前月と前々月分）が支給されます。

例えば故人が4月に亡くなり、4月15日に年金が振り込まれていても、それは前月までの年金であり、4月分の年金はまだ支払われていません。故人の銀行口座が凍結され、未支給分の年金を受け取れない場合、受給資格のある遺族が請求し、遺族が受け取ることができます。

■受給できる遺族の条件

未支給の年金を請求できるのは、故人と生計を同じくしていた遺族であり、最も優先順位の高い方が請求できます。優先順位は次のとおりで、これは**遺族厚生年金の優先順位とは異なる**ので注意してください。

受給できる遺族の条件
①配偶者　　②子　　　③父母　　　④孫
⑤祖父母　　⑥兄弟姉妹　⑦それ以外の3親等の親族

なお、同順位者が複数いるときは、そのうちの一人がした請求を同順位者全員による請求とみなし、一人への支給をもって全員への支給とみなされます。

●「年金受給者死亡届」と同時手続きがおすすめ

　未支給の年金請求の時効は5年なので慌てる必要はありませんが、10日から14日以内に手続きの必要な「年金受給者死亡届（報告書）」と添付資料が重なるものも多いため、これと同時に手続きを行うことをおすすめします（「年金受給者死亡届（報告書）」については、2-5を参照）。

提出先	年金事務所または年金相談センター
届出書類	「未支給年金請求書」 用紙は年金事務所、街角の年金相談センターの窓口にあります。日本年金機構のホームページからダウンロードもできます。
書類作成に必要な情報	死亡年月日、基礎年金番号、年金コード、生年月日等
添付書類	亡くなった方の年金証書、死亡を明らかにする書類（戸籍抄本または住民票の除票など）、故人と請求者の関係を証明できる書類（戸籍抄本等）、請求者の通帳の写し（請求書に金融機関の証明をもらえば省略できる）、その他生計を同じくしていたことを確認するための書類など。請求書に書かれている案内文にも詳しく記載があります。

MEMO

故人が年金をもらっていなかった場合も大丈夫

故人が死亡当時、受給要件を満たしていたのに年金をもらっていなかった場合や、過去の保険料納付のデータが統合されていないなどの理由で、本来もらえるべき年金額をもらっていなかった場合もあります。

これらも未支給年金の対象となるので、もし故人の年金について何か気になることや不明なことがあれば、年金事務所などに相談するのがよいでしょう。その際、故人の職歴や過去の住所地、婚姻等による姓の変遷などの情報を伝えると、データを探す手掛かりになることがあります。

児童扶養手当の請求

対象	遺族年金をもらえない子を養育する人

期限	すみやかに（原則、申請の翌月分から支給）	相談先	市区町村役場

● 児童扶養手当とは

　児童扶養手当は、死別に限らず離婚などによるひとり親家庭や、父母と生計を同じくしていない児童が養育される家庭に、市区町村から支給される手当です。児童の福祉の増進を目的としています。受給のためには所得制限があり、遺族年金を受給していると児童扶養手当が不支給になることや減額されることがあります。

支給対象者	18歳に達する年度末（3月31日）までの間にある子ども、または20歳未満で障害等級1級または2級の障害の状態にある子どもを監護する母、監護しかつ生計を同じくする父または養育する者（祖父母など）。
支給要件	父母が離婚した子ども、父または母が死亡した子ども、父または母の生死が不明の子どもなどを日本国内で監護していること。

● 児童扶養手当はいくらもらえるの？

　手当の額は、児童の数と養育者などの前年度の所得から決定されます。請求申請者だけでなく、扶養義務者（同居の父母、兄弟姉妹、祖父母などの親族）の所得が対象になります。所得制限により、一定以上の所得があれば支給されない、または減額されます。支給の場合は、手当の全額を支給される「全部支給」と、減額されて支給される「一部支給」があります。

児童扶養手当額（月額）　　　　　　　　　　　2022年度

児童数	全部支給の場合	一部支給（10円刻み）の場合
1人目	43,070円	43,060円～10,160円
2人目	10,170円	10,160円～5,090円
3人目以降	6,100円	6,090円～3,050円

■児童扶養手当の支給月

　奇数月（1月、3月、5月、7月、9月、11月）の年6回、支払月の前月までの2ヵ月分が支給されます。

●児童扶養手当を請求する

　児童扶養手当は以下の機関に請求します。児童扶養手当支給開始後は、毎年8月に前年所得を確認して以降の手当額が決定されます。また、児童扶養手当の額は、物価変動などに応じて改正されることがあります。

提出先	市区町村役場の窓口
届出書類	「児童扶養手当請求書」 用紙は窓口にあります。市区町村のホームページからダウンロードできる場合もあります。
添付書類	申請者と児童の戸籍謄本、申請者のマイナンバーカード等、児童と扶養義務者のマイナンバー、申請者の銀行通帳。 市区町村によって添付書類が異なる場合があるので、詳しくは市区町村の窓口へお問い合せください。

労災で亡くなったとき

対象	該当者	期限	葬祭料2年、遺族補償給付5年
相談先	社会保険労務士		

●労災保険制度とは

　労災保険制度は、労働者として働く人が、仕事や通勤が原因で、病気になったりケガをしたりした場合に、必要な保険給付を行う国の制度です。労働者を一人でも雇っていれば事業主に加入義務があります。労災給付の費用は、原則として事業主の負担する保険料によってまかなわれています。

●労災として認められる条件

　労働者の業務上の負傷、疾病、障害又は死亡を**業務災害**といいます。業務上とは、業務が原因となったということであり、業務と傷病等の間に一定の因果関係があることをいいます（「業務起因性」といわれます）。また、労災の保険給付は、労働者として雇われて働いていることが原因となって発生した災害に対して行われるものであり、業務遂行上起きた災害でなければなりません（「業務遂行性」といわれます）。

　労災給付が認められるためには、**業務起因性と業務遂行性の両方を充たす必要があります。**

●死亡後の主な労災給付①葬祭料

　葬儀等を執り行った遺族等に対して支給されます。葬祭料の額は、315,000円に給付基礎日額の30日分を加えた額です。この額が給付基礎

日額の60日分に満たない場合は給付基礎日額の60日分が支給されます。

■給付基礎日額とは

給付基礎日額は、原則として、労災事故が発生した日の直近3ヵ月間に支払われた賃金の総額を3ヵ月間の暦日数で割った1日あたりの額になります。

●死亡後の主な労災給付②遺族補償等給付

遺族補償等給付には、遺族補償等年金と遺族補償等一時金の2種類があります。

■遺族補償年金

故人が生計を維持していた配偶者、子、父母、孫、祖父母、兄弟姉妹のうち、優先順位の最も高い受給資格者（受給権者といいます）に支給される年金です。

妻以外の遺族については、故人が死亡当時、一定の年齢以上の高齢者か年少者であるか、一定の障害の状態にあることが要件となります。給付の内容は、遺族（受給権者と、受給権者と生計を共にしている受給資格者）の数などに応じて、次の表のとおり支給されます。

遺族数	遺族（補償）等年金	遺族特別 支給金（一時金）	遺族特別年金
1人	給付基礎日額の153日分 （ただし、その遺族が55歳 以上の妻または一定の障 害状態にある妻の場合は 給付基礎日額の175日分）	300万円	算定基礎日額の153日分 （ただし、その遺族が55歳 以上の妻または一定の障 害状態にある妻の場合は 算定基礎日額の175日分）
2人	給付基礎日額の201日分		給付基礎日額の201日分
3人	給付基礎日額の223日分		給付基礎日額の223日分
4人以上	給付基礎日額の245日分		給付基礎日額の245日分

■遺族補償等一時金

　遺族補償等年金を受給できる遺族がいない場合などに支給される一時金です。

●通勤災害について

　通勤災害とは、労働者が通勤により被った負傷、疾病、障害又は死亡をいいます。通勤災害の場合も、業務災害と同様に労災保険制度により必要な保険給付が行われます。

●労災申請の手続きについて（通勤災害含む）

　通勤災害の場合も含め、労災給付のための手続きについては、会社の協力なしには難しいでしょう。多くの会社が申請を支援してくれることと思いますので、会社と相談しながら申請の手続きを進めていけば通常は問題ないでしょう。ただし、死亡時の災害が労災に該当するかどうかの見解が会社と遺族で異なるなど、何らかの事情で労災申請が思うように進まない場合などは、労働基準監督署や、弁護士や社会保険労務士などの専門家に相談することをおすすめします。

労災で困ったときは、労働基準監督署や社会保険労務士、弁護士などの専門家にご相談ください

第5章
11
失業中で雇用保険の給付を受給中に亡くなったとき

対象 該当者 **期限** 2年（6ヵ月以内が望ましい） **相談先** 社会保険労務士

●失業時にもらえる雇用保険の給付とは

　雇用保険制度は、働く人の生活と雇用の安定を図り、就職支援を行うための国の制度です。雇用保険の被保険者である労働者が失業したとき、一定の受給資格を満たせば、求職者給付（基本手当）が受給できます。失業が解消されるまでの期間、給付が継続されるわけですが、給付日数には上限があります。給付日数の上限は、その人の退職理由や勤続期間などによって異なります。また、1日分として給付される金額も、その人の離職前の賃金額から計算されるため、人によって異なります。

求職者給付（基本手当）の所定給付日数

1. 特定受給資格者（倒産や解雇で離職した人など）、一部の特定理由離職者（希望したのに契約更新されず離職した人など。ただし令和7年3月末までに限って適用予定）

		被保険者であった期間				
		1年未満	1年以上5年未満	5年以上10年未満	10年以上20年未満	20年以上
区分	30歳未満	90日	90日	120日	180日	－
	30歳以上35歳未満		120日	180日	210日	240日
	35歳以上45歳未満		150日		240日	270日
	45歳以上60歳未満		180日	240日	270日	330日
	60歳以上65歳未満		150日	180日	210日	240日

2. 1と3以外の離職者

		被保険者であった期間				
		1年未満	1年以上 5年未満	5年以上 10年未満	10年以上 20年未満	20年以上
区分	全年齢	―	90日		120日	150日

3. 就職困難者（障がい者等）

		被保険者であった期間				
		1年未満	1年以上 5年未満	5年以上 10年未満	10年以上 20年未満	20年以上
区分	45歳未満	150日	300日			
区分	45歳以上 65歳未満		360日			

●死亡前日まで基本手当が支給される

　故人が雇用保険の求職者給付（基本手当）を受給していた場合、生計を同じくしていた遺族は、死亡日の前日までの基本手当（未支給失業等給付）を受け取ることができます。

■受給の対象となる遺族

　故人と生計を同じくしていた配偶者、子、父母、孫、祖父母、兄弟姉妹の順序で、一人だけに支給されます。

受給の順番

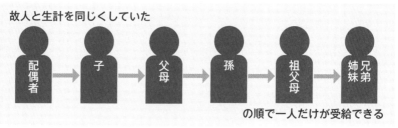

● 請求の手続き

請求の手続きは次の機関で行います。

提出先	ハローワークの窓口
届出書類	「未支給失業等給付請求書」 ハローワークの窓口にあります。ハローワークインターネットサービスからダウンロードもできます。
添付書類	①死亡の事実と死亡日を証明する書類（死亡診断書など） ②請求者と故人の続柄を証明する書類（住民票記載事項証明書、戸籍謄本など） ③請求者と故人が生計を同じくしていたことを証明する書類（住民票記載事項証明書、民生委員の証明書など） ④故人が受けようとしていた給付の関係書類（失業認定申告書など。すでに提出済みの場合は不要）詳しくは、お近くのハローワークにお尋ねください。

● 求職者給付以外の給付も同様に請求できる

雇用保険から支給される他の失業等給付（教育訓練給付、高年齢雇用継続給付、育児休業給付、介護休業給付など）も、受給者が亡くなった場合、死亡の前日までの給付分を、生計を同じくしていた遺族が受け取ることができます。詳しくは、お近くのハローワークにお尋ねください。

第5章 12 住宅ローンの団信保険の手続き

| 対象 | 該当者 | 期限 | できるだけすみやかに | 相談先 | 金融機関 |

●団信保険に加入していた人が亡くなると、完済扱いになる

　住宅など不動産の購入時に住宅ローンを組む人は多いですが、その際多くの人が団体信用生命保険（以後、団信保険という）に加入しています。**団信保険とは、住宅ローンを組んでいる契約者が亡くなってしまった場合に、生命保険会社が代わりに残りのローンを支払い完済する制度**です。故人が住宅ローンを組んでいて、団信保険に加入しているのであれば、定められた手続きを行えばローンが完済されるので、できるだけすみやかに手続きを行なってください。

　申請手続きでは、最初に金融機関へ連絡し、ローンが完済されたら法務局で不動産の名義変更と同時に、不動産に登記されている金融機関などの抵当権の抹消手続きを行いましょう。

●団信保険の申請の流れ

　団信保険の申請の流れは次のようになります。

手順① 金融機関へ連絡し、住宅ローンを完済する

　最初に行うのは金融機関への連絡です。まず住宅ローンを返済している金融機関へ連絡し契約者が死亡した旨を伝えます。その後、相続人が相続届と戸籍謄本、遺産分割協議書などを提出すると、団信保険からローンが完済されます。

手順② 法務局へ行き、所有権移転登記を行う

　ローンが完済されたら、次は法務局へ行き不動産の登記に関する手続

きを行います。法務局で最初に行うのは、**完済された住宅の所有者を故人から相続人へ変更する手続き**です。この手続きを行わないと、いくらローンが完済されたといっても不動産の所有者が亡くなった人のままになってしまいます。

手順③ 法務局で抵当権抹消登記を行う

　不動産の所有者の変更を行ったら、次に行うのは金融機関などの抵当権を抹消する手続きに移ります。抵当権とは、土地や不動産を購入する際、返済が滞ったときのためにあらかじめ金融機関が設定する担保のことです。抵当権抹消登記手続きは、新しく不動産の所有者となった相続人と抵当権を設定した金融機関が共同で申請します。

抵当権抹消登記申請書見本（法務局ホームページより引用）

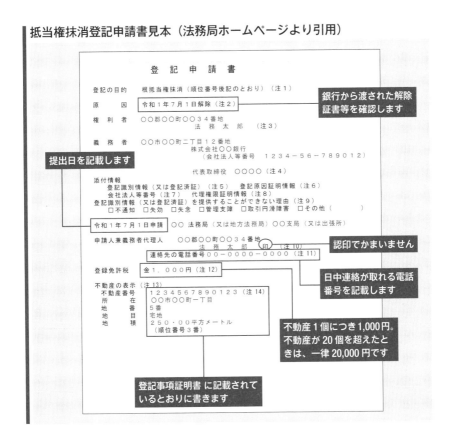

第5章

13

保険金を受け取る

対象 保険金受取人 期限 3年以内 相談先 保険会社

●保険金を受け取る流れ

　生命保険、共済など、故人の死亡により保険金が受け取れるものについては、まずは保険証券を探してみましょう。保険会社から届く郵便物や、預金通帳の保険料引き落としからも推測できます。たとえ保険証券が見つからなかったとしても、10月頃に保険会社から届く「生命保険料控除証明書」から契約内容がわかる場合もあります。保険金請求の流れは次のとおりです。

受け取りまでの主な流れ

手順① 保険会社への連絡

　どこの会社にも専門のコールセンターがあるので、まずはそちらに電話してみましょう。主に聞かれるのは次のとおりです。

- 契約番号（証券番号）など、契約していたことがわかるもの
- 故人（被保険者）の名前及び生年月日
- 死亡日
- 死亡原因（病死か事故死かなど）
- 死亡保険金受取人の名前（故人との続柄及び連絡先）
- 亡くなる前の入院の有無

手順② 書類の受け取り

郵送をしてもらえる場合がほとんどですが、最寄りの支店でも受け取ることができます。

手順③ 書類の提出

主な必要書類は以下のとおりです。

- 会社所定の保険金請求書
- 死亡診断書（死体検案書）のコピー
  （注）故人の除籍謄本が求められる場合もあります
- 死亡保険金受取人の本人確認書類（免許証等）コピー
- （会社によって）死亡保険金受取人の印鑑証明書
- 事故状況報告書（事故で亡くなった場合）

※保険会社によって若干異なるので、詳しくはお問い合わせください。

手順④ 保険金の支払い

書類確認の結果、支払いが決定したら、契約約款に従って保険金が支払われます。なお、保険金受取人が故人（被保険者）より先に死亡しており、受取人を変更していなかった場合には、「**保険金受取人の相続人（故人の相続人ではない）」が新たな受取人となります**。保険法第46条により「保険金受取人が保険事故の発生前に死亡したときは、その相続人の全員が保険金受取人となる。」と定められているので、受取人となった相続人全員が等しい割合で権利を持つことになります。

MEMO

契約によっては、併せて入院給付金や手術給付金が支払われることも
契約の内容によっては、死亡保険金と併せて入院給付金や手術給付金が支払われることもあるので、給付条件を確認しましょう。該当している場合は、会社所定の診断書、医療費の領収書、診療明細書などが必要となりますので、各保険会社に問い合わせてみてください。

お葬式や埋葬の費用を補助してもらう

対象	葬儀・埋葬を行った人	期限	2年以内
相談先	社会保険労務士		

● 葬祭費の対象者

故人が生前に**国民健康保険・後期高齢者医療制度**に加入しており、死後に葬儀が行われた場合、喪主（葬祭執行者。遺族でなくても可）に対して、市区町村から「**葬祭費**」が支給されます。支給される金額は市区町村によって違いますが、多くは2万円から7万円程度です。また、告別式を行わないと「葬祭費」の対象とされない場合もあります。「葬祭費」がもらえる要件と提出資料についての詳細は市区町村役場の窓口に確認してください。

● 埋葬料の対象者

故人が**会社の健康保険**に加入の場合、故人に生計を維持されていた家族に対して、健康保険から「**埋葬料**」が支給されます。生計費の一部が維持されていればよいので、共働きでも差し支えありません。家計を共にしていれば、別居していても構いません。支給される「埋葬料」の金額は会社の健康保険によって違いますが、協会けんぽの場合は5万円です。

■生計を維持されていた家族がいない場合

「埋葬料」は支給されませんが、埋葬を行った人に対し、埋葬にかかった実費分のみ「埋葬料」が支給されます。「埋葬料」が支給される上限は「埋葬料」と同額です。また、埋葬にかかった費用として認められるのは、霊柩車代、霊柩運搬代、霊前供物代、火葬料、僧侶の謝礼等です。葬儀の際の飲食費などは「埋葬料」の対象外になります。

■資格喪失後の死亡でも埋葬料等がもらえる例外も

会社を退職し被保険者資格を喪失した後でも、埋葬料または埋葬費が支給される例外があります。

> 例外①資格喪失後3ヵ月以内に亡くなったとき
> 例外②資格喪失後の傷病手当金または出産手当金の継続給付をもらっている間に亡くなったとき
> 例外③上記②の継続給付が終わり3ヵ月以内に亡くなったとき

これらの例外に該当し、会社の健康保険から埋葬料をもらった場合、重複して、国民健康保険から埋葬料をもらうことはできません。

●家族埋葬料の対象者

故人が**家族の健康保険の被扶養者**であった場合、故人を健康保険の被扶養者にしていた家族に対して、健康保険から「家族埋葬料」が支給されます。支給される「家族埋葬料」の金額は会社の健康保険によって違いますが、協会けんぽの場合5万円です。

葬祭費・埋葬料・家族埋葬料の比較

	葬祭費	埋葬料	家族埋葬料
故人の要件	自営業、個人事業主などで国民健康保険に加入・後期高齢者医療制度に加入	社員などで会社の健康保険組合に加入	家族の健康保険の被扶養者
金額	2万～7万円 自治体によって異なる	健康保険によって異なる。協会けんぽの場合5万円	健康保険によって異なる。協会けんぽの場合5万円
問合せ	自治体	健康保険組合	健康保険組合
もらえる人	葬祭（葬儀）を行った人（喪主）	亡くなった被保険者と生計維持関係にあり、埋葬を行った人	故人を健康保険の被扶養者にしていた家族

127

第5章

15

高額な医療費を払い戻してもらう

対象	故人の医療費の自己負担が一定額を超えていた場合

| 期限 | 2年以内（診療を受けた月の翌月初日から起算して） | 相談先 | 社会保険労務士 |

●高額療養費制度とは

医療費の自己負担が重くなり過ぎないよう、医療機関や薬局の窓口で支払った医療費が一定の上限額を超えた場合、上限を超えた分が払い戻されるのが「高額療養費制度」です。上限額は、年齢と所得に応じて定められています。故人が負担していた医療費が上限額を超えていれば、遺族が払い戻しを請求できます。

自己負担の上限額は、月の初日から末日までの1ヵ月単位で適用します。**対象となるのは、保険適用の診療費です。医療にかからなくても必要となる「食費」「居住費」や希望により提供される「差額ベッド代」「先進医療にかかる費用」などは対象外になります。**

■同一世帯の負担を減らす「世帯合算」

同じ世帯の他の方（同じ健康保険に加入している場合に限る）の自己負担額も、1ヵ月単位で合算できます。これを「世帯合算」といいます。**合算額が一定額を超えたときは、超えた分を高額療養費として払い戻してもらえます。**

■回数の多いときの負担を減らす「多数回該当」

過去12ヵ月以内に3回以上、上限額に達した場合は、4回目から「多数回該当」となり、上限額が下がります。

● 上限額の金額

上限額は年齢と所得によって違います。

70歳以上の上限額

適用区分		ひと月の上限額（世帯ごと）		他数回該当の場合
		外来(個人ごと)		
現役並み	年収約1,160万円～標準報酬83万円以上/課税所得690万円以上	252,600円＋（医療費 -842,000）×1%		140,100円
	年収約770万円～約1,160万円　標準報酬53万円以上/課税所得380万円以上	167,400円＋（医療費 -558,000）×1%		93,000円
	年収約370万円～約770万円 標準報酬28万円以上/課税所得145万円以上	80,100円＋（医療費 -267,000）×1%		44,400円
一般	年収約156万円～約370万円 標準報酬26万円以下　課税所得145万円未満	18,000円（年144,000円）	57,600円	44,400円
住民税非課税等	住民税非課税世帯	8,000円	24,600円	
	住民税非課税世帯（年金収入80万円以下など）	8,000円	15,000円	

※ 1つの医療機関等での自己負担（院外処方代を含む）で上限額を超えないときでも、同じ月の別の医療機関等での自己負担額を合算でき、この合算額が上限を超えれば、高額医療費の支給対象になります。

※ 住民税非課税の区分に、多数回該当の適用はありません

69歳以下の上限額

適用区分	ひと月の上限額（世帯ごと）	他数回該当の場合
年収約1,160万円～　健保：標準報酬83万円以上　国保：旧ただし書所得901万円超	252,600円＋（医療費 -842,000）×1%	140,100円
年収約770万円～約1,160万円 健保：標準報酬53万円～79万円　国保：旧ただし書所得600万円～901万円	167,400円＋（医療費 -558,000）×1%	93,000円
年収約370万円～約770万円 健保：標準報酬28万円～50万円 国保：旧ただし書所得210万円～600万円	80,100円＋（医療費 -267,000）×1%	44,400円
～年収約370万円 健保：標準報酬26万円以下　国保：旧ただし書所得210万円以下	57,600円	44,400円
住民税非課税者	35,400円	24,600円

※ 1つの医療機関等での自己負担（院外処方代を含む）で上限額を超えないときでも、同じ月の別の医療機関等での自己負担額（69歳以下の場合は2万1千円以上であることが必要）を合算でき、この合算額が上限を超えれば、高額医療費の支給対象になります。

提出先など

提出先	市区町村役場の窓口（後期高齢者医療制度・国民健康保険）協会けんぽや健康保険組合など（会社の健康保険）
届出書類	「高額療養費支給申請書」 用紙は各窓口にあり、ホームページからダウンロードできる場合もあります。
書類作成に必要な情報	医療費などの領収書
添付書類	故人との関係がわかる書類（戸籍謄本等） ただし市区町村により異なるため、窓口へお問い合せください。

● 払い戻しまでの時間

　高額療養費を申請した場合、支給までには、受診月から少なくとも3ヵ月程度かかります。高額療養費の審査は、レセプト（医療機関から健康保険に提出する診療報酬の請求書）の確定まで待たなければならないためです。

● 入院時に、上限額までの支払いで済む「限度額適用認定証」

　入院する場合に、あらかじめ、健康保険から「限度額適用認定証」または「限度額適用・標準負担額減額認定証」を交付してもらい、医療機関の窓口で提示すれば、上限額までの支払いで済ませることができます。払い戻しの手続きも不要で、大変便利な制度です。もし、故人が「限度額適用認定証」をお使いであれば、高額療養費の支給申請は不要になります（世帯合算や多数回該当は別です）。

第5章
16

高額な介護サービス費を払い戻してもらう

対象	故人の介護サービス費の自己負担が一定額を超えていた場合

期限	2年以内（介護サービス費を支払った日の翌日から起算して）	相談先	社会保険労務士

●高額介護サービス費制度とは

　介護サービス費の自己負担が重くなり過ぎないよう、支払った介護サービス費が一定の上限額を超えた場合、上限を超えた分が払い戻されるのが「高額介護サービス費制度」です。

　上限額は、所得に応じて定められています。故人が負担していた介護サービス費が上限額を超えていれば、遺族が払い戻しを請求できます。自己負担の上限額は、月の初日から末日までの1ヵ月単位で適用します。対象となるのは、保険適用の費用で、**食費・居住費や日常生活費（理美容代・洗濯代等）などは対象外**となります。

■同一世帯の負担を減らす「世帯合算」

　介護保険に加入している同じ世帯の他の人の自己負担額も、1ヵ月単位で合算することができます。これを「世帯合算」といいます。合算額が一定額を超えたときは、超えた分を高額介護サービス費として払い戻してもらえます。

世帯合算の例

  夫 自己負担額 **15万円** ＋ 妻 自己負担額 **5万円**

世帯合算で20万円

この世帯の課税所得が350万円の場合、
20万円－44,400円（世帯の上限額）＝155,600円
となり、155,600円が払い戻されることになります。

● 上限額の金額は？

上限額は所得によって違います。

区分	負担の上限額（月額）
課税所得690万円（年収約1,160万円）以上	140,100円（世帯）
課税所得380万円（年収約770万円）～課税所得690万円（年収約1,160万円）未満	93,000円（世帯）
市町村民税課税～課税所得380万円（年収約770万円）未満	44,400円（世帯）
世帯の全員が市町村民税非課税	24,600円（世帯）
前年の公的年金等収入金額＋その他の合計所得金額の合計が80万円以下の方等	24,600円（世帯） 15,000円（個人）
生活保護を受給している方等	15,000円（世帯）

提出先など

提出先	市区町村役場の窓口
届出書類	「高額介護サービス費支給申請書」 用紙は各窓口にあり、ホームページからダウンロードできる場合もあります。
書類作成に必要な情報	介護サービス費などの領収書
添付書類	故人との関係がわかる書類（戸籍謄本等） ただし市区町村により異なるため、窓口へお問い合せください。

申請の期限は介護サービス費を支払った日の翌日から起算して2年以内です。十分な時間がありますが、忘れないように早めに手続きするようにしましょう

17 旧姓に戻す

第5章

対象	配偶者	期限	期限なし	相談先	市区町村役場

●配偶者は復氏届、子どもがいる場合は入籍届を提出する

　配偶者が亡くなってしまったとき、自分の名字をそのままにするか婚姻前のもの（旧姓）にするかは自由に決めることができます。自分の氏をそのままにする場合は特別な手続きは不要ですが、旧姓に戻したい場合は「復氏届」を提出すれば旧姓に戻すことができます。

　復氏届を提出する際に注意したいのは、配偶者との間に子どもがいる場合です。**復氏届を提出することで名字が変更されるのは本人だけなので、手続きをしない限り子どもは元の戸籍に残り名字も変更されません。**配偶者に必要な手続きと子どもに必要な手続きが異なることに気をつけましょう。

復氏届の提出方法
- 提出先：残された配偶者の本籍地または住民票のある市区町村役場
- 必要なもの：届出書、戸籍謄本、結婚前の戸籍に戻るときは、婚姻前の戸籍謄本、印鑑
- 提出期限：特になし

■子どもの名字を変更したい場合

　子どもも自分と同じ旧姓の名字にしたい場合は、家庭裁判所に子の氏の変更許可申立書を提出する必要があります。家庭裁判所で許可審判を受けたら、入籍届を提出し、戸籍を移す手続きを行なってください。

子の氏の変更許可申立の方法
- 提出先　　　：子の住民票がある地域の家庭裁判所

- 申立人　　　：子（15歳未満の場合は、子の法定代理人）
- 必要なもの：収入印紙800円、連絡用の郵便切手
- 費用　　　　：申立書、子の戸籍謄本、父母の戸籍謄本

入籍届の提出方法
- 提出先　　　：子の本籍地または住民票のある市区町村役場
- 申請者　　　：子（15歳未満の場合は、子の法定代理人）
- 必要なもの：届出書、子の氏変更許可の審判書、子の現在の戸籍謄本、入籍先の戸籍謄本、印鑑

復氏届

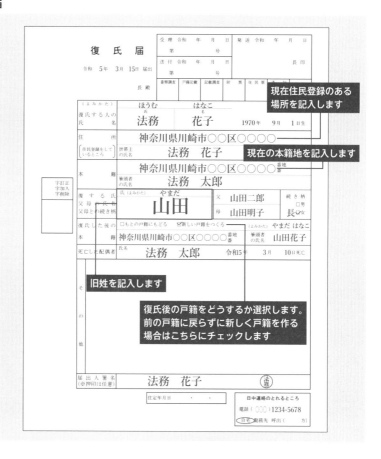

婚姻関係を終了する

| 対象 | 該当する配偶者 | 期限 | なし | 相談先 | 市区町村役場 |

● 手続きをしないと配偶者の親族との扶養関係は続いたままになる

　配偶者が亡くなってしまうと自然的に婚姻関係は解消されますが、婚姻関係が解消されたとしても配偶者の親族との関係までは解消されないため、扶養義務等は残ったままになります。

■婚姻関係終了届を出す

　亡くなった配偶者の親族の扶養義務を解消する場合は、**「婚姻関係終了届」** を提出する必要があります。この書類を提出し配偶者の親族との関係を断ち切ることで、配偶者の親族の扶養を命じられる可能性がなくなり、同居の場合等の互助の義務もなくなります。

提出先など

提出先	届出人の本籍地、あるいは住民票のある市区町村役場
届出人	残された配偶者
必要なもの	届書、亡くなった配偶者の死亡事実が確認できる戸籍謄本、印鑑など

■手続きは残された配偶者のみが行える

　婚姻関係を解消することで配偶者の遺産が相続できなくなると心配する人もいますが、**亡くなった配偶者の遺産はきちんと相続でき、遺族年金も受給する権利があります。**

ちなみにこの書類は、**配偶者側の親族が提出することはできず、残された配偶者のみができる手続き**になります。また、一度終了した婚姻関係は復活させることができません。配偶者との関係を終了させるのは残された配偶者側の意思で自由に行えるものですが、手続きの期日は特にありませんし、よく考えてから手続きを行うのがよいでしょう。

婚姻関係終了届

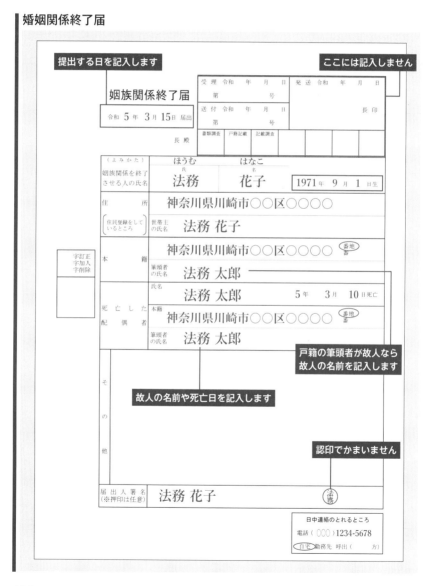

第6章

１年をめどに
行いたい相続

相続に必要な書類を集める

| 対象 | 全員 | 期限 | すみやかに | 相談先 | 弁護士、司法書士 |

●戸籍謄本・除籍謄本・改製原戸籍

　相続手続きのためには、死亡の記載のある除籍謄本だけではなく、出生まで遡ったものが必要となるため、窓口で**「対象人物（故人）の記載のあるもので、ここで取得できるもの全て」**と申し出る必要があります。また、他の自治体から転籍している場合は、それらを全て追わなくてはならないので、当該自治体の窓口に出向くか、郵送による申請で取得します。郵送による申請の場合は、申請書の他、申請する通数分の定額小為替と切手を貼った返信用封筒が必要となります。費用は、ほとんどの自治体で戸籍謄本は一通450円、除籍謄本と改製原戸籍は一通750円です。

●住民票（除票）・戸籍附票

　どちらも対象人物の「住所」を証明する書類ですが、住民票（除票）は住所地の自治体で、戸籍附票は本籍地のある自治体で取得できます。費用は自治体によって違いがありますが、住民票、戸籍附票ともに一通200円から400円程度です。戸（除）籍謄本との繋がりをつけるため、住民票（除票）は「本籍地入り」で取得する必要があります。戸籍附票は、その本籍地における住所の変遷が記載されたものです。**昨今の法改正で、特に指示のない場合は本籍地が省略されてしまうので、必ず「本籍地入り」で取得しましょう。**

●印鑑証明書

　住所地の自治体で取得可能ですが、前提として「印鑑登録」が必要で

す。印鑑証明書については13ページでも解説しています。

● 法定相続情報証明制度

　平成29年より、全国の法務局において、各種相続手続きに利用可能な「法定相続情報証明制度」が始まっています。通常の相続手続きでは、亡くなった方の戸籍謄本等の束を、相続手続きを取り扱う各種窓口にその都度提出する必要があり、確認やコピーに時間がかかります。しかし、法定相続情報証明制度を利用すれば、**一度法務局に戸籍謄本等の必要書類を提出し、同時に相続関係を一覧にした図（法定相続情報一覧図）を添付すれば、その一覧図に認証文を付した写しを無料で何枚でも交付してもらえます。**以後の手続は、その写しを一枚提出すれば、窓口に戸籍謄本等の束を提出する必要がなくなります。法定相続情報一覧図の写しについては、その利用範囲が順次拡大されており、各種窓口での認知度も徐々に高まってきています。必要書類は次のとおりです。

□ 故人の戸（除）籍謄本、改製原戸籍
　（出生から死亡までの連続したもの全て）
□ 故人の住民票除票（本籍地入り）もしくは戸籍附票
□ 相続人全員の戸籍謄（抄）本
□ 申出人（相続人代表）の免許証などの公的書類
□ 相続人全員の住民票もしくは戸籍附票　　　□ 申出書

　申出書及び法定相続情報一覧図の例は法務局ホームページに記載されています。申出をする法務局は、下記のいずれかです（郵送でも可）。

□ 故人の本籍地　　□ 故人の最後の住所地　　□ 申出人の住所地
□ 故人名義の不動産の所在地

法定相続情報一覧図見本

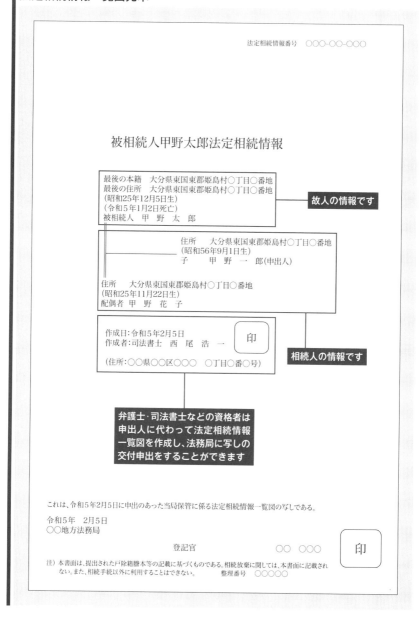

法定相続情報番号　○○○-○○-○○○

被相続人甲野太郎法定相続情報

最後の本籍　大分県東国東郡姫島村○丁目○番地
最後の住所　大分県東国東郡姫島村○丁目○番地
（昭和25年12月5日生）
（令和5年1月2日死亡）
被相続人　甲　野　太　郎

故人の情報です

住所　　大分県東国東郡姫島村○丁目○番地
（昭和56年9月1日生）
子　　甲　野　一　郎(申出人)

住所　　大分県東国東郡姫島村○丁目○番地
（昭和25年11月22日生）
配偶者甲野花子

作成日:令和5年2月5日
作成者:司法書士　西　尾　浩　一

印

（住所:○○県○○区○○○　○丁目○番○号）

相続人の情報です

**弁護士・司法書士などの資格者は
申出人に代わって法定相続情報
一覧図を作成し、法務局に写しの
交付申出をすることができます**

これは、令和5年2月5日に申出のあった当局保管に係る法定相続情報一覧図の写しである。

令和5年　2月5日
○○地方法務局

登記官　　　　　　　　　　○○　○○○

印

注）本書面は、提出された戸除籍謄本等の記載に基づくものである。相続放棄に関しては、本書面に記載されない。また、相続手続以外に利用することはできない。　　整理番号　○○○○○

第6章 02 誰が相続人になるのか 戸籍から相続人を特定する

| 対象 | 全員 | 期限 | すみやかに | 相談先 | 弁護士、司法書士 |

● 相続人の順位

相続は、「人が死亡する」ことにより開始します（民法第882条）。配偶者がいる場合は、常に相続人となります（同第890条）。たとえ、夫婦生活が破綻していようと、長期別居状態であっても、法律上の相続権に変わりはありません。配偶者以外の相続人の順位は、次のとおりとなります。

配偶者以外の相続人の順位

第一順位	子 ※養子も含みます（人数に限りはありません） 故人の子が相続の開始以前に死亡していた場合は、その子（孫）が代襲相続人となります。 なお、死産の場合を除き、胎児も生まれたものとみなし、相続人となります。
第二順位	（子がいない場合）直系尊属（父母、祖父母） 親等の近い人が優先となります。
第三順位	（子も直系尊属もいない場合）兄弟姉妹 故人の兄弟姉妹が相続の開始以前に死亡していた場合は、その子（甥・姪）が代襲相続人となります。ただし、甥・姪が亡くなっていた場合はその下の代には代襲しません。

● 相続分について

各相続人の相続分は次のように決まっています。

配偶者と子が相続人の場合…………各2分の1ずつ
配偶者と直系尊属が相続人の場合…配偶者3分の2、直系尊属3分の1
配偶者と兄弟姉妹が相続人の場合…配偶者4分の3、兄弟姉妹4分の1

　子、直系尊属、兄弟姉妹が複数人いる場合は、それぞれの相続分を均等に割ったものが各自の取り分となります（例えば、子が3人いる場合は、1人あたり　$1/2 \times 1/3 = 1/6$ の相続分となります）。

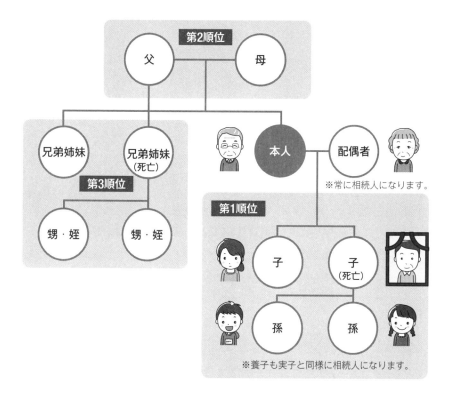

　なお、一定の場合に、民法には相続人の欠格事由が規定されています。また、推定相続人が生前に被相続人に対して虐待や重大な侮辱をした場合は、被相続人は、その推定相続人の「廃除」を家庭裁判所に請求できます。

遺言書の検索と検認

| 対象 | 全員 | 期限 | すみやかに | 相談先 | 弁護士、司法書士 |

● 遺言書はどこに？

　せっかく遺言書を作成しても、死後にそれが発見されなければ意味がありません。特に自筆証書遺言はそれが顕著です。貸金庫に保管したり、自宅の人目につかない引き出しにしまい込んだり、思わぬところから発見される場合も多々あります。ですので、**遺言書の形態にかかわらず、作成したら、信頼できる親族にそのありかを話しておく**ことも大事です。

■遺言の探し方

　残された相続人が死後に遺言書を探すことになった場合、どこから探せばよいでしょうか。先述のとおり、貸金庫などは要注意です。不動産の権利証などと一緒に保管されている可能性があります。これが公正証書遺言ならば、「**遺言検索システム**」により、平成元年以降に全国の公証役場で作成された遺言公正証書に関するデータが一元的に管理されており、全国どこで作成されたものであっても、全国の公証役場から検索できます。

　ただし、**請求できるのは、故人の法定相続人その他法律上の利害関係者のみ**です。詳しくは、最寄りの公証役場に相談してみてください。また、法務局の保管制度を利用した自筆証書遺言ならば、同じく相続人等から法務局に対し、遺言書保管事実証明書の交付請求、遺言書情報証明書の交付請求、さらには遺言書の閲覧請求（モニターもしくは原本）ができます。

● 遺言書の検認

　「検認」とは、裁判所における手続きで、相続人に対して遺言の存在及びその内容を知らせるとともに、遺言書の形状、日付、署名など遺言書の内容を明確にして、遺言書の偽造・変造を防止するための手続きです。いわば形式的な手続きであって、**遺言内容が有効か無効かを判断する手続きではありません**ので、注意が必要です。なお、**公正証書遺言、法務局の保管制度を利用した自筆証書遺言（遺言書情報証明書）ならば、検認は不要です。**

　検認を申し立てることができるのは、遺言書の保管者もしくは遺言書を発見した相続人であり、故人の最終住所地の家庭裁判所に対して行います。また、**封印のある遺言書は、家庭裁判所において相続人又はその代理人の立会いがなければ開封することができない**（民法第1004条第3項）ので、検認を申し立てる際は、遺言書の封印を開けないで裁判所に持参する必要があります。

MEMO

検認申立と同時に「還付申立書」を提出する

先述したとおり、検認手続きは遺言内容が有効か無効かを確認する手続きではありませんが、実務上検認しないと各種相続手続きを進めることができません。相続登記でも、預貯金の解約においても、自筆証書遺言は必ず検認が求められます。さらに、検認申立のためには、ほぼ相続登記に必要な範囲の戸籍謄本・除籍謄本等が必要となりますが、裁判所に提出してしまうとそれらは返却されないので、必ず申立と同時に「還付申立書」を提出することが必要です。

検認終了後、遺言の執行をするためには、遺言書に「検認済証明書」が付いていることが必要となるので、必ず検認済証明書の申請をしましょう。検認済証明書は、その場で遺言書に合綴してもらえます。

相続財産の捜索と遺産分割の手順

| 対象 | 全相続人 | 期限 | なるべく早く | 相談先 | 各事業者 |

● 相続財産の調査・捜索をしよう

　葬儀などが一段落すると、遺産分割に向けて、相続財産の調査・捜索を開始する必要があります。相続税の申告が必要と思われる場合は特に急いで進めなければなりません。

相続財産の調査・捜索の対象
- 不動産
- 銀行・証券口座・保険契約
- その他（自動車、貴金属の積立など）

● 不動産

　まずは**固定資産納税通知書**を探しましょう。住所地以外の自治体から届いている場合は特に注意が必要です。固定資産税は毎年1月1日現在の所有者に課税され、その年の4月から5月頃に郵送されています。課税標準額や納税額とともに、物件の所在、地番、家屋番号が記載されています。

　その他、権利証、登記識別情報通知などは家の中の人目につかない場所（引き出し、金庫、仏壇など）や貸金庫に保管されていることが多いです。また、関係書類として売買契約書や当時の登記簿謄本、住宅ローンの契約書などからも物件が特定できるかもしれません。

　ここで注意しなくてはならないのは、**固定資産納税通知書には故人の所有する全ての物件が記載されているとは限らない**ということです。公衆用道路や非課税の物件などは、別途自治体（都内は都税事務所）で固

定資産に関する証明書を名寄せで取得して調査する必要があります。申請には自治体所定の申請書とともに、故人との相続関係を示す戸籍（除籍）謄本が必要になります。

　物件が特定できたら、**不動産登記事項証明書**を法務局で取得しましょう。現在は、登記簿もコンピューター化されているので、所在、地番、家屋番号さえわかれば、全国どこの法務局でも取得できます。手数料は一物件あたり600円で、収入印紙で納めます。その他、利用登録が必要になりますが、インターネット登記情報提供サービスもあります。平日だけでなく、土日祝日も利用でき、利用料金も安い（登記記録情報1件あたり332円）ので、物件が多い場合はこちらを利用するとよいでしょう。

●銀行・証券口座・保険契約

　通帳があれば、その金融機関における口座の存在だけでなく、引き落とし記録の内容から、株式や投資信託、保険契約の存在などがわかります。また、銀行ローンや、消費者金融など負債の存在がわかる場合もあります。その他、金融機関からの郵便物などから、銀行ならば定期預金の利息計算書、証券口座ならば運用報告書などがよく見つかります。

　保険契約は、保険証券や定期的に届く契約内容確認の郵便物をよく探しましょう。また、インターネット専業の銀行や証券会社もあるので、故人のパソコンを調べ、残されたメールやウェブサイトの閲覧履歴から契約を特定する必要があります。

●その他（自動車、貴金属積立など）

　自動車は車検証で個体の特定が可能です。貴金属の積立は、銀行口座からの引き落とし情報や自宅に届く郵便物などからわかります。その他、ネックレスや指輪などの貴金属、記念硬貨や切手なども遺産分割の対象になる場合があります。

● 遺産分割の手順

遺産分割の大まかな流れは次のとおりです。

遺産分割の流れ

> **1 相続人の範囲を確定する**
> 代襲相続、相続欠格、相続放棄などを考慮します。

▼

> **2 相続分を確定する**
> 民法の定める相続分の規定が適用されます。

▼

> **3 遺産の範囲を確定する**
> 遺産分割の対象となる財産の範囲を特定します。

▼

> **4 遺産を評価する**
> 客観性の高い公正な資料に基づいて評価額の合意形成に努めます。

▼

> **5 特別受益者と特別受益の額を確定する**
> 特別な受益（贈与）を相続分の前渡しとみて、計算上その贈与を相続財産に加算して相続分を算定します。

▼

> **6 寄与相続人と寄与分を確定する**
> 故人の財産の維持や増加に特別の貢献をした場合は、その分を相続財産から控除して、その者が（自身の相続分とともに）受け取る制度です。

▼

> **7 特別受益及び寄与分を踏まえて、相続開始時の具体的な相続分率を算出する**

▼

> **8 具体的な相続分率を、遺産分割時における遺産評価額に乗じて取得分額を算出する**

▼

> **9 具体的な遺産分割方法（現物分割、代償分割、換価分割など）を決定する**

相続財産の分け方を決める

対象	全相続人	期限	なるべく早く
相談先	弁護士・司法書士		

●どのように分けるかを全相続人で決める

　相続財産の調査・探索がひととおり終わったら、相続財産を全相続人の間でどのように分けるかを決めます。このことを「**遺産分割協議**」といいます。

●不動産

　居住用不動産については、**当該不動産に引き続き居住する人が相続するのが主流**です。故人の配偶者がいる場合、残された配偶者が名義人となれば税制面での優遇措置がありますが、もし残された配偶者が名義人にならない場合は、配偶者居住権（6-10参照）の活用も検討すべきです。ただし、残された配偶者が高齢だったり、施設に入ったりしている場合は、二次相続のことも考慮してあらかじめ子の世代に相続させるというのも一つの手です。

■居住用以外の不動産

　居住用以外の不動産については、その後の売却や活用のことや固定資産税・都市計画税負担のことも含めて考え、**将来的に当該不動産に責任を持って関わっていける相続人の名義にしたほうがよいでしょう。**売却の場合は、便宜特定の相続人名義にして、売却後に売却代価から経費を差し引いた分を他の相続人とともに分ける（換価分割）ことも考えられます。

● 預貯金

　不動産と比べて、定量性に優れますので、額面どおりに分けていくことが可能です。強いていえば、額にもよりますが、同じ金融機関の預金は同一相続人が相続したほうが、解約の際、多くの場合単独で手続きできるというメリットがあります。なお、相続税申告がある場合は、必ず死亡日時点での残高証明書を取得しておきましょう。

● 有価証券、各種会員権など

　相続の際は、相続財産を有する証券会社や運営会社に、相続人自身の口座（会員権）が必要となる場合が大半なので、後々の手間も考慮した上で相続する人を決めるべきです。また、値動きもあるので、そのリスクを背負うという覚悟も必要です。

　なお、有価証券については、預貯金同様、相続税申告がある場合は必ず死亡日時点での残高証明書を取得しておきましょう。

● 自動車・貴金属・骨董品など

　自動車は今後使っていく人が相続するのが、その後の税負担も含めて適切だといえます。貴金属や骨董品については、形見分けの側面もあるので、相続人同士でよく話し合ったほうがいいでしょう。

第6章 06 未成年や意思表示をすることのできない相続人の代理人を決める

| 対象 | 該当者 | 期限 | すみやかに | 相談先 | 弁護士、司法書士 |

●未成年者の相続人

　未成年者が法律行為をするには、その法定代理人の同意を得なければなりません（民法第5条）。令和4年4月1日より、年齢18歳以上の人は成年となりましたので、相続人の中で18歳未満の人がいる場合、親権者（父母）が代わって遺産分割協議などの財産に関する法律行為を行わなければなりません（民法第824条）。

■特別代理人の選任

　故人の相続で配偶者と未成年の子が共同相続人になった場合など、親権を行う父または母とその子の利益が相反する（利害関係が衝突する）場合は、**家庭裁判所で特別代理人の選任が必要となります。**特別代理人は、家庭裁判所の審判で決められた行為（遺産分割協議など）について代理権などを行使し、家庭裁判所で決められた行為が終了すると、任務は終了します。資格は特に必要ありませんが、特別代理人は未成年者の利益を保護するという職務を適切に行える人物でなければなりません。最終的には未成年者との関係や利害関係の有無などを考慮して、適格性が判断されます。例えば遺産分割協議ならば、未成年者の祖父母、叔父叔母などが選ばれることが多いようです。

●意思表示をすることのできない相続人とは

　認知症や統合失調症、あるいは知的障害など、精神上の障害により物事を判断する能力が不十分な相続人については、**家庭裁判所の審判によ**

り、**本人の権利を守る援助者（成年後見人等）を選び、遺産分割協議な
どの法律行為について代理をしてもらうことができます。**具体的には、本
人の判断能力に応じて、3つの制度があります。

1. 後見……判断能力が欠けているのが通常の方
   遺産分割協議など、原則として全ての法律行為について成年後
   見人が代理をします。

2. 保佐……判断能力が著しく不十分な方
   遺産分割協議が代理行為目録に含まれている場合に限り、保佐
   人が代理をします。また、本人が自ら遺産分割協議をした際は
   常に保佐人の同意が必要です。

3. 補助……判断能力が不十分な方
   遺産分割協議が代理行為目録に含まれている場合に限り、補助
   人が代理をします。また、本人が自ら遺産分割協議をしたとき
   は、遺産分割協議が同意行為目録に含まれている場合、補助人
   の同意が必要です。

MEMO

成年後見制度

昨今マスコミ等を賑わせることの多い成年後見制度ですが、まだまだそ
の使い勝手は改善の余地があります。まず、本人の戸籍や住民票、財産
を証明する資料（通帳等）、収支を証明する資料（施設の領収書等）など
の必要書類を集め、医師の診断書を取り、それらを添えて申立書を裁判
所に提出する必要があります。申立が受理された
後も、裁判所における面談を経て、後見人（等）
が決定するのは早くても申立から1～2ヵ月ほど
かかります。この過程で挫折する人も少なくあり
ませんので、厳しいと思ったら司法書士などの専
門家に早めに相談しましょう。

07 借金を相続したくないなら相続放棄する

対象	該当する相続人	相談先	弁護士、司法書士
期限	相続の開始があったことを知ってから3ヵ月以内		

●相続の承認または放棄

　相続人は、相続の開始があったことを「知ったときから」3ヵ月以内に、相続について、単純もしくは限定の承認又は放棄をしなければならないとされています（民法第915条）。**「知ったときから」というのが重要で、「亡くなった日から」ではありません。**ですので、相続人によって起算ポイントは異なってくることに注意してください。なお、財産の調査に時間がかかる場合などは、申立てにより、この期間を家庭裁判所において延ばしてもらえます。具体的な法律効果は次のとおりです。

■単純承認

　相続の開始があったことを「知ったときから」3ヵ月が経過すると、その時点で故人の権利（資産）や義務（負債）を無限に承継することになります。

■限定承認

　相続人は、相続によって得た財産の限度においてのみ被相続人の債務及び遺贈を弁済すべきことを留保して、相続の承認をすることができます（民法第922条）。故人の資産と負債のプラスマイナスがわからない場合には有効ですが、共同相続人全員が共同して相続財産の目録を作成して家庭裁判所に提出しないといけないなど、かなり煩雑な手続きとなるので、実際にはあまり活用されていません。

■相続放棄

　相続を放棄したい場合は、その旨を家庭裁判所に申述しなければなりません（民法第938条）。相続を放棄した人は、その相続に関しては、初めから相続人とならなかったものとみなされ、**たとえ3ヵ月以内であっても撤回することができない**ので、慎重な判断が必要です。なお、故人の遺産を処分したり、消費したり、隠したり、故人の借金を少しでも債権者に返したりしたときは相続放棄が認められない場合があります。相続放棄の申述先は、故人の最後の住所を管轄する家庭裁判所です。相続放棄の申述書の他、故人の住民票除票または戸籍除附票、放棄をする人の戸籍謄本、故人の死亡の記載のある除籍謄本などが必要となります。

相続放棄申述書

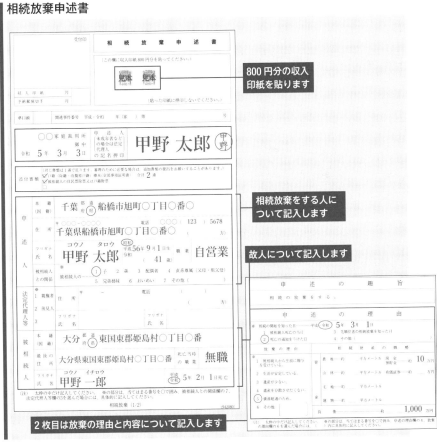

800円分の収入印紙を貼ります

相続放棄をする人について記入します

故人について記入します

2枚目は放棄の理由と内容について記入します

遺産分割協議書の作成

| 対象 | 相続人 | 期限 | できるだけ早く | 相談先 | 弁護士、司法書士 |

● 遺産分割協議の成否

共同相続人は、故人が遺言で禁じた場合を除き、いつでもその協議で遺産の分割ができます（民法第907条）。遺産分割協議は、遺産の共有状態を解消して、個々の財産の権利者を確定させる合意で、一種の契約といえます。相続税の申告義務のある場合は別として、**遺産分割協議の期間制限はなく、遺産の一部について協議することも可能**です。

■遺産分割の当事者

遺産分割協議は、共同相続人全員で行わなければ、その効力を生じません。共同相続人が未成年者の場合は親権者もしくは特別代理人が、成年被後見人（被保佐人、被補助人）である場合は成年後見人（保佐人、補助人）が当事者となります。

■遺産分割の方法

代表的な例をいくつか紹介します。

現物分割	個々の財産の形状や性質を変更することなく、分割するものです。
代償分割	一部の相続人に法定相続分を超える額の財産を取得させたうえで、他の相続人に対する債務を負担させる方法です。例えば、特定の不動産を一人の相続人に取得させる代わりに、代償金として他の相続人に対しいくらかの金銭を払わせる方法があげられます。

換価分割	遺産を売却等で換金（換価処分）したあとに、そのお金を分配する方法です。例えば不動産を便宜一人の名義としたうえで、名義人が速やかに売却し、経費を差し引いた分を法定相続分に応じて他の相続人に分ける方法です。

● 遺産分割協議書の作成

6-4で調査及び確定した財産について、漏れのないように帰属を定めることが大切です。遺産分割協議は、共同相続人ら全員の合意が必要ですが、協議書の作成は全員が集まって作成する必要はなく、持ち回りの方法で作成することも可能です。

遺産分割協議書サンプル

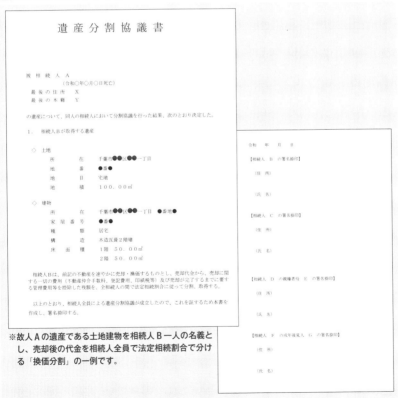

※故人Aの遺産である土地建物を相続人B一人の名義とし、売却後の代金を相続人全員で法定相続割合で分ける「換価分割」の一例です。

遺産分割調停をする

対象	相続人	期限	遺産分割協議がまとまらなかったら

相談先	弁護士、司法書士

● 遺産分割協議がまとまらなかったら……？

　遺産の分割について、共同相続人間に協議が調わないとき、又は協議をすることができないときは、各共同相続人は、その全部又は一部の分割を家庭裁判所に請求することができます（民法第907条2項）。手続きには2つあり、「**調停**」と「**審判**」に分かれます。申立ての際にどちらかを選ぶことになりますが、実務においては、調停手続きになじまないことが明らかな場合を除いて、職権で調停に付されるようです。

■調停手続きについて

　調停手続きにおいては、裁判所は、当事者双方から事情を聴いたり、必要に応じて資料等を提出してもらうなどして事案をよく把握したうえで、各当事者がそれぞれどのような解決を希望しているか意向を聴き、解決案を示したり、解決のために必要な助言をしたりして、合意を目指して話合いが進められます。

　なお、話合いがまとまらず調停が不成立に終わった場合は、「自動的に」審判手続きが開始され、裁判官がそれまで話し合われた一切の事情を考慮して、審判（決定）をすることになります。

　申立ては、共同相続人または包括受遺者のいずれかからでも可能で、申立先は他の共同相続人のうちの一人の住所を管轄する家庭裁判所となります。申立書の他、一定の戸籍（除籍、改製原戸籍）謄本を添付しなければなりません。

遺産分割調停（審判）申立書

この申立書の写しは，法律の定めるところにより，申立ての内容を知らせるため，相手方に送付されます。

受付印	遺産分割　☑ 調停　　申立書
	□ 審判

（この欄に申立て1件あたり収入印紙1,200円分を貼ってください。）

申立て1件あたり 1,200円分の収入印紙を貼ります

（貼った印紙に押印しないでください。）

収入印紙　　　　円	
予納郵便切手　　円	

○○ 家庭裁判所 御中	申　立　人 （又は法定代理人など） の 記名押印	甲野　太郎 ㊞
令和 5 年 3 月 3 日		

（審理のために必要な場合は，追加書類の提出をお願いすることがあります。）

添付書類
☑ 戸籍（除籍・改製原戸籍）謄本（全部事項証明書）合計 7 通
☑ 住民票又は戸籍附票 合計 3 通　☑ 不動産登記事項証明書 合計 1 通
☑ 固定資産評価証明書 合計 1 通　□ 預貯金通帳写し又は残高証明書 合計　　通
□ 有価証券写し 合計　　通　　□

準 口 頭

当　事　者	別紙当事者目録記載のとおり

被相続人	最後の住所	大分 都道府県 東国東郡姫島村○丁目○番	
	フリガナ 氏　名	コウノ　イチロウ 甲野　一郎	平成（令和）5 年 2 月 1 日死亡

申　立　て　の　趣　旨

□ 被相続人の遺産の全部の分割の（□ 調停 ／ □ 審判）を求める。

☑ 被相続人の遺産のうち，別紙遺産目録記載の次の遺産の分割の（☑ 調停 ／ □ 審判）を求める。※1
　【土地】 1 　　　　　【建物】
　【現金，預・貯金，株式等】

申　立　て　の　理　由

遺産の種類及び内容	別紙遺産目録記載のとおり		
特　別　受　益 ※2	□ 有 ／	☑ 無 ／	□ 不明
事前の遺産の一部分割 ※3	□ 有 ／	☑ 無 ／	□ 不明
事前の預貯金債権の行使 ※4	□ 有 ／	☑ 無 ／	□ 不明
申　立　て　の　動　機	☑ 分割の方法が決まらない。 □ 相続人の資格に争いがある。 □ 遺産の範囲に争いがある。 □ その他（　　　　　　　　　　　　　　）		

（注）太枠の中だけ記入してください。□の部分は該当するものにチェックしてください。
※1　一部の分割を求める場合は，分割の対象とする各遺産目録記載の遺産の番号を記入してください。
※2　被相続人から生前に贈与を受けている等特別な利益を受けている者の有無を選択してください。「有」を選択した場合には，遺産目録のほかに，特別受益目録を作成の上，別紙として添付してください。
※3　この申立てまでにした被相続人の遺産の一部の分割の有無を選択してください。「有」を選択した場合には，遺産目録のほかに，分割済遺産目録を作成の上，別紙として添付してください。
※4　相続開始時からこの申立てまでにした預貯金債権の行使の有無を選択してください。預貯金債権の行使の有無を選択してください。「有」を選択した場合には，当該預貯金債権の欄の備考欄に権利行使の内容を記入してください。

相続人甲野太郎が、他の相続人乙野花子を相手取り、目録記載の土地の分割の審判を裁判所に求めた場合の記載例です

この申立書の写しは，法律の定めるところにより，申立ての内容を知らせるため，相手方に送付されます。

遺 産 目 録 （□特別受益目録，□分割済遺産目録）

【土 地】

番号	所　　　　在	地　番	地目	地　積	備　考
1	大分県東国東郡姫島村	番 ○○	宅地	平方メートル 300 00	
		不動産登記簿謄本の記載のとおり記入してください			

この申立書の写しは，法律の定めるところにより，申立ての内容を知らせるため，相手方に送付されます。

当 事 者 目 録

☑□ 申相 立手 人方	住　所	〒 ○○○－○○○○ 千葉県船橋市旭町○丁目○番○				（　　　　　方）
	フリガナ 氏　名	コウノ　　タロウ 甲野 太郎		大正 ㊐昭和 平成 令和	56年　9月　1日生 （　41 歳）	
	被相続人 との続柄	長男				
□☑ 申相 立手 人方	住　所	〒 ○○○－○○○○ 大分県東国東郡姫島村○丁目○番				（　　　　　方）
	フリガナ 氏　名	オツノ　　ハナコ 乙野 花子		大正 ㊐昭和 平成 令和	54年　9月　1日生 （　43 歳）	
	被相続人 との続柄	長女				
申立人と相手方（申立人以外の相続人全員）の区分を明らかにします			〒 該当者全員を記入してください			（　　　　　方）
申相 立手	フリガナ 氏　名			大正 昭和 平成 令和	年　　月　　日生 （　　　歳）	

158

配偶者居住権とは

| 対象 | 故人の配偶者 | 期限 | 遺産分割協議成立前まで |
| 相談先 | 弁護士、司法書士 |

● 配偶者居住権の成立要件

配偶者居住権は、故人の配偶者の居住権を保護するための方策です。配偶者が故人の財産に属した建物に「相続開始のときに」居住していて、下記のいずれかに該当する場合、居住していた建物全部について、無償で居住（使用及び収益）できる権利です。

- 当該建物について、配偶者に配偶者居住権を取得させる旨の遺産分割協議が成立したこと
- 配偶者居住権が遺贈（死因贈与）の目的となったこと

なお、この場合の「配偶者」に内縁の配偶者は含まれません。また、故人の相続開始時に当該建物を配偶者以外の者と共有していた場合には、原則として配偶者居住権は成立しませんが、当該建物が夫婦の共有になっている場合には例外的に成立します。

■存続期間

原則として配偶者の終身の間ですが、遺産分割、遺贈（死因贈与）の際に存続期間を定めることも可能です。当該建物の所有者は、配偶者のために配偶者居住権の登記をする義務があり、**登記をすれば配偶者は他人に配偶者居住権を主張することができます**。

また、配偶者は勝手に改築や増築などをすることはできません。配偶者居住権を第三者に譲渡することも認められていません。

■消滅要件

　配偶者の死亡、存続期間の満了、建物の物理的な滅失などにより消滅します。

● 配偶者短期居住権の成立要件

　配偶者短期居住権は、故人の相続開始後の短期間、配偶者に対して今までどおりの居住環境での生活を保護する目的のものです。配偶者が故人の財産に属した建物に相続開始時に無償で居住していたことが成立要件となります。

■存続期間

　配偶者を含む共同相続人間で遺産分割をすべき場合は、それにより「当該建物の帰属が確定した日」または「相続開始時から6ヵ月を経過する日」のいずれか遅い日までです。ですので、**少なくとも6ヵ月の猶予が配偶者に与えられる**ことになります。なお、遺産分割をしない場合（その建物が配偶者以外の者に遺贈された場合など）は、建物取得者から配偶者短期居住権の消滅の申し入れがあった日から6ヵ月で消滅します。また、配偶者居住権と異なり、その設定の登記はすることができません。

■消滅要件

　前項の存続期間満了の他、配偶者の死亡、配偶者が前述の「配偶者居住権」を取得した場合にも消滅します。

MEMO

配偶者居住権と配偶者短期居住権の違い
配偶者居住権は、その成立要件が遺産分割、遺贈、死因贈与の3つに限定されているのに対し、配偶者短期居住権は相続時に故人の財産に属した建物に居住していたことで「当然に」発生する権利です。

第6章 11 相続税の申告が必要かを確認する

対象	相続・遺贈により財産を取得した人		
期限	亡くなってからおおむね6ヵ月以内	相談先	税理士

● 相続税の財産評価を確認する

6-2で誰が相続人になるかが確認でき、その後6-5により故人の遺産を全て把握し、また死亡保険金の受取人（5-13参照）を確認したら、次は**相続税の申告が必要かどうかを確認**しましょう。そのためにはまず、全ての遺産がいくらなのかを確認します。

故人が残した遺産がいくらなのかを計算することを**財産評価**といいます。財産評価は、**基本的に亡くなった日（相続開始時）の時価により評価する**こととなっています。そのうえで、財産に応じて税務上評価の方法がある程度決まっています。まずは主な財産評価の方法を確認しましょう。

財産評価のうち、土地については小規模宅地等の特例（6-15参照）があります。故人や故人と一緒に暮らしていた土地など、生活の基盤となる土地については、その価額を50％から80％減額できます。また土地の評価は複雑なので、少し専門的な知識が必要になります。

MEMO

土地の価額
土地の価額は、毎年土地の所有者に送られてくる固定資産税・都市計画税納税通知書の中に同封されている、固定資産税・都市計画税課税明細書に評価額が記載されています。通常故人の自宅に届いているので、探してみましょう。

主な相続財産の評価方法（相続開始時の評価額が基本）

土地	宅地 （自用地）	（路線価評価）路線価×補正率×面積 （倍率評価）固定資産税評価額×倍率×面積
	借地権	自用地の価額×借地権割合
	貸地	自用地の価額×（1－借地権割合）
	貸家建付地 （貸アパート等の敷地）	自用地の価額×（1－借地権割合×借家権割合）
建物	自家用	固定資産税評価額×1.0
	貸家	固定資産税評価額×1.0×（1－借家権割合） ※借家権割合は30%
預貯金		相続開始時の残高＋経過利息
手許現金		相続開始時の有高
株式	上場株式	原則として相続開始時の終値
	非上場株式	持株数により原則的評価方式もしくは特例的評価方式
投資信託		相続開始時の基準価額
ゴルフ会員権		相続開始時の取引価額×70%（預託金がない場合） ※譲渡できず、預託金等の返還がないゴルフ会員権は0円で評価
金地金		相続開始時の買取価格
自家用車・絵画など		相続開始時の買取価格
古銭・切手		額面金額 ※買取価格が額面より高いものは買取価格
電話加入権		令和4年度は1回線当たり1,500円
死亡保険金		受取金額（非課税金額あり）
退職手当金		受取金額（非課税金額あり） ※弔慰金は一定金額まで非課税金額とは別枠で非課税がある
個人年金		相続開始時に解約した場合の入金額
その他		相続開始時の時価 ※入金金額、買取価格など

● 相続税の有無の確認方法

相続税の申告が必要かどうかは、次の方法で確認します。

(1) 財産価額の合計額を計算する

財産価額の合計額＝各相続財産の合計額＋みなし相続財産＋生前贈与財産の一部

みなし相続財産は、死亡保険・退職手当金等からそれぞれ非課税限度額を引いた金額と、信託受益権などの金額をいいます。また生前贈与財産の一部とは、相続開始前3年以内に故人から受けた贈与財産の価額の合計額をいいます。生前贈与（7-4から7-7を参照）をする際には注意が必要です。

(2) 相続財産からマイナスできるものを集計する

マイナスできるもの＝故人の債務、葬式費用、小規模宅地等の特例による減額など

相続開始時にあった、故人の債務は故人の相続財産からマイナスできます。また葬式費用も同様に控除できます。なお、香典は一般的に相続税の課税対象にはならないので、葬式費用から引く必要はありません。

(3) 基礎控除額を計算する

相続税には基礎控除額があります。計算式は次のとおりです。

基礎控除額＝3,000万円＋600万円×法定相続人の数

法定相続人の数とは、相続の放棄があった場合には、その放棄がなかったものとした場合における相続人の数を言い、養子が2名以上いる場合には、原則として1名のみを数えた数をいいます。

基礎控除額の早見表

相続人の数	基礎控除額
1名	3,600万円
2名	4,200万円
3名	4,800万円
4名	5,400万円
5名	6,000万円

（4）上記（1）から（3）までの金額から相続税の課税価額を計算する

相続税の課税価額＝（1）－（2）－（3）

　相続税の課税価額がマイナスになる場合には、相続税の納税は発生しませんので、申告が不要になります。ただし、小規模宅地等の特例を使ってのマイナスの場合は相続税の申告が必要になります。

例1　土地8,000万円、建物3,000万円、預貯金3,000万円、株式1,000万円、未払税金550万円、葬式費用150万円、相続人が妻及び子供2人の場合

（1）課税価額の合計額
土地8,000万円＋建物3,000＋預貯金3,000万円＋株式1,000万円
＝1億5,000万円
（2）マイナスできるもの
未払税金550万円＋葬式費用150万円＝700万円
（3）基礎控除
4,800万円
（4）課税価額の合計額
1億5,000万円－700万円－4,800万円＝9,500万円＞0

よって、相続税の申告の必要あり

例2 土地12,000万円、預貯金1,000万円、小規模宅地等の特例による減額5,000万円、死亡保険金1,200万円、故人の借入金4,000万円、葬式費用50万円、相続人が妻及び子供1人の場合

(1) 課税価額の合計額
   土地12,000万円＋預貯金1,000万円＋死亡保険金（1,200万円－非課税1,000万円）－減額5,000万円＝8,200万円
(2) マイナスできるもの
   借入金4,000万円＋葬式費用50万円＝4,050万円
(3) 基礎控除
   4,200万円
(4) 課税価額の合計額
   8,200万円－4,050万円－4,200万円＝▲50万円＜0

相続税の申告はなしだが、小規模宅地等の特例の適用ありのため相続税の申告の必要あり

※生命保険の非課税金額500万円×相続人2名＝1,000万円

こんなときは？

Q 相続税の申告が必要ない場合は何もしなくてもよいのでしょうか。

A 相続税の申告が必要でない場合は申告書を提出する必要がありませんが、故人が不動産を所有していた場合、税務署から申告のお知らせと共に、「相続税についてのお尋ね（相続税申告の簡易判定シート）」が送られてくる場合があります。
このシートを記入することで、ざっくりと相続税の申告が必要かどうかを確認できます。そのまま放っておいてもいいのですが、後々税務署から連絡があると面倒なので、必要な箇所を記載して税務署に返送しておいたほうが安心です。
なお相続税の申告をする場合には、このお尋ねの返送は不要です。

各人の相続税の納税額を計算してみる

第6章
12

対象	相続税の申告が必要な人		
期限	亡くなってから10ヵ月以内	相談先	税理士

● 相続税の納税額を計算する

6-11で相続税の課税価額の合計額を計算し、相続税の申告が必要かどうかを確認しました。次は相続税の納税額の計算になります。本節では、実際に相続税がいくらかかるのかを例を見ながら計算してみましょう。まずは、相続税の税率を確認します。

相続税の税率表

法定相続分に応ずる取得金額	税率	控除額
～1,000万円以下	10%	－
1,000万円超～3,000万円以下	15%	50万円
3,000万円超～5,000万円以下	20%	200万円
5,000万円超～1億円以下	30%	700万円
1億円超～2億円以下	40%	1,700万円
2億円超～3億円以下	45%	2,700万円
3億円超～6億円以下	50%	4,200万円
6億円超～	55%	7,200万円

下記の例の場合、実際に相続税はいくらかかるでしょうか。

相続人　妻及び長男、長女の合計3名
財産価額の合計額…2億円　　基礎控除額…4,800万円
実際に相続した財産の価額
妻…1億2,000万円　長男…5,000万円　長女…3,000万円

（1） 相続財産を法定相続分により取得したものと仮定する

　相続税は、相続財産を一旦法定相続分で取得したものと仮定して、法定相続分に応じた取得金額を計算します。

> 課税価額の合計額　2億円－4,800万円＝1億5,200万円
> 法定相続分に応ずる取得価額
> 妻……1億5,200万円×1/2＝7,600万円
> 長男…1億5,200万円×1/4＝3,800万円
> 長女…1億5,200万円×1/4＝3,800万円

（2） 相続税の総額を計算する

　（1）により按分した金額に応じて、相続税率を掛けて納税額を計算し、相続税の総額を計算します。

> 妻……7,600万円×30％－700万円＝1,580万円
> 長男…3,800万円×20％－200万円＝560万円
> 長女…3,800万円×20％－200万円＝560万円
> 合計　1,580万円＋560万円＋560万円＝2,700万円

（3） 各人の相続税額を計算する

　（2）より計算した相続税の総額を、実際に相続した財産の価額により各人の相続税額を計算します。

> 妻……2,700万円×（1億2,000万円／2億円）＝1,620万円
> 長男…2,700万円×（5,000万円／2億円）＝675万円
> 長女…2,700万円×（3,000万円／2億円）＝405万円
> 合計　1,620万円＋675万円＋405万円＝2,700万円

（4）税額の加算、減算を確認する

　各人の税額を算出した後は、それぞれ相続人の個別の事情により税額が増減します。主な制度は次のとおりです。

相続税増減の一覧

名称	増加？減少？	内容
配偶者の税額軽減	減少	法定相続分又は1億6,000万円までは相続税がかからない
贈与税額控除	減少	贈与財産に相続税が課税される場合、支払った贈与税を控除
未成年者控除	減少	相続人が未成年者の場合、18歳になるまでの期間×10万円を控除
障害者控除	減少	相続人が障碍者の場合、85歳になるまでの期間×10万円（特別障害者の場合は20万円）を控除
相次相続控除	減少	10年以内に支払った相続税がある場合に、その一部を控除
相続税額の2割加算	増加	配偶者、子（相続人でない養子を除く）、親以外の者が財産を取得した場合に相続税の20％を加算

　この例によると、配偶者である妻の財産の価額は1億6,000万円以下ですので、妻の相続税は0円となります。

株式の評価方法を確認する

対象	相続税の申告が必要な人

期限	亡くなってから10ヵ月以内	相談先	税理士

● 上場株式の評価方法

　株式は大きく分けて2つの評価方法があります。東証などの金融証券取引所に上場している株式と上場していない株式（非上場株式、もしくは『取引相場のない株式』といいます）です。

　上場株式は相続開始日（故人が亡くなった日）における株式市場の最終価格（終値）をいいます。ただ、いくつかの例外があります。どれを採用しても構わないので、一番安い金額を採用します。

　一番安い金額を採用する
- 相続開始日の最終価格。最終価格がない場合、相続開始日に最も近い日の価額。前日でも後日でもよい。
- 相続開始日の当月の平均価額
- 相続開始日の前月の平均価額
- 相続開始日の前々月の平均価額

● 非上場株式の評価方法

　非上場会社の株式（相続税法では『取引相場のない株式』といいます）の評価方法は複雑で、かつ多くの検討が必要になります。ここでは、評

価方法の概要を紹介しますが、実際の評価については専門家に依頼することをおすすめします。

■原則的評価と特例的評価

取引相場のない株式は、実質的に経営を支配できる（経営支配力といいます）かどうかにより評価方法を決めています。経営支配力があれば自由に財産を処分できるので、会社の財産価額に応じた評価をします。一方、経営支配力がなければ、自由に財産を処分できないので、評価額は低くなります。

経営支配力があるかどうかは、株式の取得者が、原則として取得した株式を有する株主グループが30％以上のグループ（もし50％以上の株主グループがあれば、その50％以上の株主グループ）に属しているかどうかで判定します。また、経営支配力がある株主を、特に同族株主といいます。

■評価方法

原則的評価方式は、同族株主が取得した株式に適用されます。原則的評価方式はその会社の総資産価額（帳簿価額）、従業員数と取引金額（売上高）により、3つの区分に分けて計算します。

原則的評価方式の評価方法

大会社	類似業種比準価額による評価方法
中会社	類似業種比準価額と純資産価額を併用する方法（3段階）
小会社	純資産価額による評価方法

一般的に類似業種比準価額は純資産価額より低い金額にて評価されます。また、会社の規模が大きければ、類似業種比準価額の比重が高くなります。相続の開始前に、自分の会社がどの区分により評価されるかを確認しておくとよいでしょう。

また、**特例的評価方式は同族株主以外の者が取得した株式に適用され**

170

ます。評価方法は、直近2年間の配当金額を基に株価を算定する方式です。これを配当還元方式といいます。配当還元方式は原則的評価方式と比べて株価が低く計算されます。

原則的評価方式の3つの評価方法

類似業種比準価額	同業者である上場会社の株価、配当金額及び純資産価額を基に評価する方法
純資産価額	会社の資産負債を相続税評価により評価する方法
配当還元価額	$\dfrac{\text{年配当金額}^{※}}{10\%} \times \dfrac{\text{一株当たりの資本金等の額}}{50円}$ ※年配当金額が2.5円未満の場合は、2.5円

 こんなときは？ ....

Q 上場株式の評価額を計算するのが面倒です。
何かよい方法はありませんか。

 A 一番簡単な方法は、証券会社に評価額を計算してもらう方法です。通常、上場株式を特定口座等で保管している証券会社に対して、相続開始時（故人が亡くなった日）の株数の残高証明書を発行してもらいます（6-16参照）が、その際に評価額も併せて計算してもらうよう依頼すれば、ほとんどの証券会社は計算してくれます。なぜなら、相続人はその株式を保管している証券会社に口座を開き、その口座に故人から相続した株式を移管するからです。新しい顧客が増えるなら、証券会社もやる気が出るのでしょうね。

土地の評価方法を確認する

対象	相続税の申告が必要な人		
期限	亡くなってから10ヵ月以内	相談先	税理士

● 土地の種類で評価方法が変わる

相続財産の中でも主要な財産となる土地は、預金とは違い評価額がわかりづらい財産のひとつです。事前にいくらかでも知っておくと全体の財産価額がイメージしやすくなるので、あらかじめ確認しておいたほうがよいでしょう。

土地の評価方法は大きく分けて2種類あります。**路線価方式**と**倍率方式**です。基本的には倍率方式ですが、路線価が付されている土地は路線価にて評価を行います。まずはその土地に路線価があるかどうかを確認します。

路線価の有無は国税庁のウエブサイト（https://www.rosenka.nta.go.jp/index.htm）で確認してみましょう。

土地の評価方法

1. 国税庁のウエブサイトで、路線価があるかどうかを確認する
2. 路線価がある場合……路線価方式
   路線価がない場合……倍率方式

● 土地の種類と評価方法

土地の登記簿謄本を見ると、土地の種類が書いてあります。その土地の種類により評価方法が変わります。ただし、雑種地については要注意です。雑種地はどの用途にも該当しない土地をいいますが、評価をする

場合には近傍の土地の価額を基準にするので、その評価額を市役所等に問い合わせる必要がある場合があります。

主な土地の評価

土地の種類	評価方法
宅地	路線価あり……路線価方式 路線価なし……倍率方式
農地（田・畑）、山林	原則……倍率方式 市街化区域……宅地比準方式※ ※近隣の宅地として評価した金額から、造成費用等を控除した金額による方式
雑種地	近傍地の価額を補正して計算する
マンション	土地部分……全体の敷地の価額にマンションの持ち分割合を乗じて計算する 建物部分……固定資産税評価額を基準に計算する

●路線価方式と倍率方式の判定

まずは国税庁ウエブサイト（https://www.rosenka.nta.go.jp/index.htm）の評価倍率表で、土地の住所を探します。その表に倍率が書いてあれば倍率方式により評価します。その倍率表に町名がない場合、もしくは『路線』と記載がある場合は市街化区域に該当するので、路線価方式により評価をします。

■路線価方式

路線価方式で評価する土地は、その設置する道路に付された路線価に免責を掛けて計算します。

路線価はその道路に面している土地の標準的な価額として、毎年8月に国税庁から公表されます。金額は千円単位で、1㎡当たりの金額を表しています。その路線価に、土地の形状や周辺の状況を考慮した補正率を乗

じ、最後に面積を掛けて計算します。

路線価方式の評価

> **旭町2丁目の場合**
>
> | 路線価 | | 奥行価額補正率 | | 面積 | | 評価額 |
> |---|---|---|---|---|---|---|
> | 90,000円 | × | 0.97 | × | 300㎡ | = | 26,190,000円 |

路線価

■倍率方式

　倍率方式で評価する土地は、固定資産税評価額に、評価倍率表に記載されている倍率を掛けて計算します。固定資産税評価額は、固定資産税の課税通知書に『価額』や『評価額』等の欄に記載されています。課税明細書にはいろいろな金額が書いてあるので、注意して見てみましょう。

倍率方式の評価

> **旭町4丁目市街化調整区域の場合**
>
> | 固定資産税評価額 | | 倍率 | | 評価額 |
> |---|---|---|---|---|
> | 23,400,000円 | × | 1.0 | = | 23,400,000円 |

評価倍率表

令和4年分　　倍　率　表　　　　　　　　　　　　1頁

市区町村名：船橋市　　　　　　　　　　　　　　　　　　　　　船橋税務署

音順	町（丁目）又は大字名	適用地域名	倍率割合	固定資産税評価額に乗ずる倍率等						
			％	宅地	田	畑	山林	原野	牧場	池沼
あ	旭町	全域 **路線化方式**	—	路線	比準	比準	比準			
	旭町1～3丁目	全域	—	路線	比準	比準	比準			
	旭町4～6丁目	市街化調整区域 **倍率方式**	50	1.0	中 19	中 34	中 48			
		市街化区域 **路線価方式**	—	路線	比準	比準	比準			
	東町	市街化区域編入（予定）地域 （海老川上流地区土地区画整理事業地内）								
		1　課税時期が市街化区域編入前	50	1.1	中 28	中 36	中 65			
		2　課税時期が市街化区域編入以後		個別	個別	個別	個別			
		上記以外の地域	50	1.1	中 28	中 36	中 65			
い	市場1・3・4丁目	全域	—	路線	比準	比準	比準			
	市場2・5丁目	市街化調整区域	50	1.1	中 33	中 39				
		市街化区域	—	路線	比準	比準	比準			
	印内1～3丁目	全域	—	路線	比準	比準	比準			
	印内町	全域	—	路線	比準	比準	比準			
お	大穴北1丁目	市街化調整区域	50	1.1	中 10	中 21	中 39			
		市街化区域	—	路線	比準	比準	比準			
	大穴北2・3丁目	市街化調整区域								
		1　農業振興地域内の農用地区域			純 7.4	純 11				
		2　上記以外の地域	50	1.1	中 10	中 21	中 39			
		市街化区域	—	路線	比準	比準	比準			
	大穴北4・5丁目	市街化調整区域								
		1　農業振興地域内の農用地区域			純 7.4	純 11				
		2　上記以外の地域	50	1.1	中 10	中 21	中 39			
		市街化区域	—	路線	比準	比準	比準			
	大穴北6～8丁目	市街化調整区域								
		1　農業振興地域内の農用地区域			純 7.4	純 11				
		2　上記以外の地域	50	1.1	中 10	中 21	中 39			
		市街化区域	—	路線	比準	比準	比準			
	大穴町	農業振興地域内の農用地区域			純 7.4	純 11				

小規模宅地等の評価減を知ろう

対象	相続税の申告が必要な人		
期限	遺産分割協議が整うまで	相談先	税理士

● 相続税が大きく節税できる制度がある

相続税は相続財産に課税をしますが、残された遺族の生活を考慮し、生活に必要な財産には少ない相続税で済むような制度があります（7-8を参照）。

● 小規模宅地等の評価減

小規模宅地等の評価減はその制度の一つで、故人と生計を一にしていた方の生活に必要な土地の評価を通常よりも下げる制度となっています。これには3つの種類があります。

小規模宅地等の評価減の種類

	種類	上限面積	減額割合
1	特定居住用（故人等の居住用）	330㎡	▲80%
2	特定事業用（故人等の事業用）	400㎡	▲80%
3	貸付事業用（故人等の貸付事業用）	200㎡	▲50%

1. 特定居住用……故人の自宅の敷地
2. 特定事業用……故人が貸付事業以外の事業に使用していた土地
3. 貸付事業用……故人が貸付事業に使用していた土地

■親族が取得した場合のみ適用を受けられる

このような土地がある場合でも、直ちに減額を受けられるわけではありません。前述した1〜3の土地の区分によって、親族の誰かが取得し、取得した後に下記の条件を満たした場合に減額を受けられます。

小規模宅地等の要件

種類	相続した人	要件
特定居住用	①配偶者	条件なし
	②同居親族	申告期限までその住宅に住み続けていること
	③①②以外の法定相続人※	下記の全ての条件を満たすこと (1) ①②に該当する人がいない (2) 相続開始前3年以内に日本国内にある取得者や親族等が所有する家屋に居住したことがないこと (3) 過去に一度もその家を保有したことがないこと (4) 申告期限までその住宅に住み続けていること
特定事業用	親族	申告期限までその住宅を利用していること等一定の要件を満たすこと
貸付事業用		

※相続を放棄した者がいる場合、外国に居住している場合は専門家にお尋ねください。

●特定居住用あれこれ

特定居住用に該当する小規模宅地等については、次の論点も覚えておくとよいでしょう（実際の適用については専門家とよく確認をしてください）。

- 故人の住民票のない場所でも、実際に居住していれば適用できる
- 故人が老人ホームに入所している場合でも、もともと住んでいた家には適用できる
- 適用できる不動産は1か所のみ。実際に住んでいたかどうかで判定
- 故人が単身赴任でも適用できる

● 条件に合う土地が複数ある場合など

　前述の1〜3の土地については、それぞれ取得した土地の面積によって限度額が決められていますが、それぞれ複数の土地があった場合には、下記の計算式で計算した面積まで、評価減の適用を受けることができます。

計算式

小規模宅地等の評価減の限度面積
特定居住用の面積……①
特定事業用の面積……②
貸付事業用の面積……③

限度面積
①×200㎡/330㎡＋②×200㎡/400㎡＋③≦200㎡
①〜③が上記を満たす面積であること

第6章
16

金融機関にある財産を相続する

対象 財産を取得した相続人 　期限 できるだけ早く 　相談先 弁護士、司法書士

● 金融機関にある財産を取得する

　各金融機関に故人が亡くなったことを知らせると、その時点で口座が凍結されます（3-3参照）。

MEMO

凍結した口座から一定の条件の下で払い戻せる制度
凍結した口座からでも、一定の条件の下で払い戻せる制度があります（63ページ参照）。

- 家庭裁判所の審判で必要かつ他の相続人の利益を害しない額につき単独で払戻しを受けられる。
- 各相続人は、一金融機関あたり150万円を上限に、「相続開始時の預金額×1／3×法定相続分」につき、単独で払戻しを受けられる。

　その後、遺産分割などで財産の取得が決まると、相続人は金融機関にある財産を取得できるようになります。相続の手続きは次のような流れで行います。

手順① 金融機関所定の「相続届け」の取得

　現在は、各金融機関に「相続専門部署」が設けられており、専用のフリーダイヤルなどがあるのが主流です。インターネットで「金融機関名 相続手続」で検索してみると、専門部署の連絡先が出てくる場合が多いので、まずはそちらに連絡してみてください。手続きに必要な書類を郵送してくれる金融機関も多いです。

手順② 必要書類の取得

遺産分割協議による場合は概ね次のとおりです。

- 故人の出生から死亡までの除籍謄本、改製原戸籍
- 相続人全員の現在戸籍謄本
  上記は、法定相続情報証明があれば、それ一枚で足ります。
- 相続人全員の印鑑証明書（6ヵ月以内のものが求められます）
- 遺産分割協議書
- 故人の預金通帳、キャッシュカードなど

※遺言による場合は若干異なりますので、金融機関に問い合わせてください。

手順③ 相続届けの記入

原則として、相続人全員の署名及び実印の押印が必要ですが、遺産分割協議書で遺産を取得することが決まった相続人の署名捺印のみで対応してくれる金融機関もあります。

手順④ 指定口座への払戻し

指定口座に払い戻しされます。

●残高証明書の取得について

相続税の申告がある場合は、故人の死亡日現在での残高証明書が必要になるので、相続が開始したら早めに取得しましょう。残高証明書については、相続人のいずれか一人からの請求で発行可能です。

必要書類は概ね次のとおりです。

- 故人が亡くなったことが確認できる除籍謄本
- 請求する相続人の戸籍謄本
- 請求する相続人の印鑑証明書（6ヵ月以内のものが求められます）

有価証券を相続する

| 対象 | 財産を取得した相続人 | 期限 | できるだけ早く | 相談先 | 司法書士 |

●有価証券の相続

　株式や投資信託などの有価証券の相続手続きは、基本的に預貯金のそれと似ています。主な手続き先は証券会社ですが、（信託）銀行を通して購入している場合もあるので、注意が必要です。

　証券会社の相続手続きの際、銀行口座のそれと異なるのは、**相続財産を引き継ぐ相続人の証券口座が必要になること**です。よって、ない場合は新たに証券口座を開設する必要があります。

MEMO

証券会社や（信託）銀行からの資料を見落とさないように
証券会社や（信託）銀行からは、一定周期で取引（残高）報告書などの資料が届くので、故人宛の郵便物などにはしっかり目を通しておきましょう。また、最近はインターネット専業の証券会社も多いので、故人のパソコンも要チェックです。

●有価証券を相続する流れ

　手続きの流れは次のとおりです。

手順① 証券会社などへの連絡

　連絡の時点で故人の口座が凍結されるのは銀行口座と同じです。また、ほとんどの証券会社には相続専門部署が開設されているので、まずはそちらに連絡をして、相続に必要な書式を郵送してもらうことから始まります。

手順② 必要書類の収集

銀行口座の相続手続きとほぼ同様です。

- 故人の出生から死亡までの除籍謄本、改製原戸籍
- 相続人全員の現在戸籍謄本
  上記は、法定相続情報証明があれば、それ一枚で足ります
- 相続人全員の印鑑証明書（6ヵ月以内のものが求められます）
- 遺産分割協議書

手順③ 相続届けの記入

原則として、相続人全員の署名及び実印の押印が必要です。

手順④ 相続人の証券口座への財産移行

　相続税申告の際には、銀行口座同様、故人の死亡日現在での残高証明書が必須となるので、まずはそちらの発行手続きを行ってください。

こんなときは？

 預貯金の相続と有価証券の相続の違いについて教えてください

 預貯金の相続は所定の手続き後に（主に）代表相続人の口座に解約金を振り込んでもらえますが、有価証券の相続では、相続人がその証券会社に口座を持っていなければ、新たに相続人名義で開設しなければなりません。

この点が、預貯金の相続と有価証券の相続の大きな違いです。

ただし、有価証券の相続の場合でも、解約と同時に売却までしてしまう場合は、そのまま売却金を相続人指定の口座に振り込んでもらえる会社もあります。

また、未受領の配当金などがある場合は、別途手続きが必要になる場合が多いので、会社から送られてきた相続関連書式をよく確認しましょう。

第6章 18 不動産を相続する

対象 **財産を取得した相続人** 期限 **なるべく早く** 相談先 **司法書士**

●不動産の「名義変更」

　家や土地などの不動産の名義変更は、相続手続きの中でも最も手間のかかる手続きの一つです。不動産を売却したいと考えていても、故人の名義のままでは売却のための手続きができないので、早めに手続きをしましょう。

●不動産相続の手続きの流れ

　手続きの流れは次のとおりです。

手順① 必要書類の準備

　以下の書類を準備します。

遺産分割協議による相続の場合

- 故人の出生から死亡までの除籍謄本、改製原戸籍
- 相続人全員の戸籍謄本
- 故人の本籍入住民票除票もしくは戸籍附票
- 不動産を取得する相続人の本籍入住民票もしくは戸籍附票
- 遺産分割協議書
- 相続人全員の印鑑証明書
- 固定資産評価証明書

遺言書による相続の場合

- 遺言書
- 故人の死亡の記載のある除籍謄本
- 不動産を取得する相続人の戸籍謄本
- 故人の本籍入住民票除票もしくは戸籍附票
- 不動産を取得する相続人の本籍入住民票もしくは戸籍附票
- 固定資産評価証明書

手順② 登記申請書の作成

　185ページのように申請書を作成します。なお、相続関係を一覧にまとめた「相続関係説明図」を別途添付すると、戸籍謄本等の原本が還付されます。提出先は不動産を管轄する法務局で、登録免許税（法務局に納める手数料）は固定資産評価額の1000分の4です。

手順③ 登記の完了

　登記が完了すると、登記完了証及び登記識別情報通知が発行されます。

登記識別情報通知見本（法務省ホームページより引用）

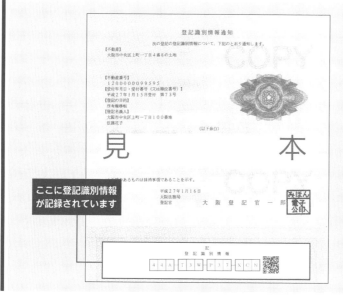

ここに登記識別情報が記録されています

登記識別情報通知には法務局より交付された「登記識別情報(12桁の英数字の組み合わせ)」が記録されており、従来の「権利証」に代わるものです（前ページ見本参照）。

　登記識別情報が第三者に見られたり、コピーされたりすると、従来の権利証が盗まれたのと同様の危険があるので、取り扱いには充分注意してください。なお、第三者に知られた可能性があるときは、管轄法務局にて「失効」の手続きができます。

●相続登記申請の義務化について

　近年問題化している「所有者不明土地」の発生を予防するため、**令和6年4月1日より、相続登記の申請が義務化されることになりました。**

　よって、相続により不動産を取得した相続人は、その所有権を取得したことを知った日から3年以内に相続登記の申請をしなければならないこととされました。

　さらに、遺産分割の話し合いがまとまった場合には、不動産を取得した相続人は、遺産分割協議が成立した日から3年以内にそれに基づく登記を申請しなければなりません。

●相続人申告登記について

　相続人が多岐にわたる場合は、相続登記を申請するのも大変なので、より簡易に相続登記申請義務を果たす方法も設けられています。具体的には、次の2つを申し出ることにより、前述の相続登記の申請義務を履行することが可能となります。

- 登記簿上の所有者について相続が開始したこと
- 自らがその相続人（の1人）であることを登記官に申し出ること

　ただしこの場合は、申出をした相続人の氏名、住所が登記されるだけで、相続によって権利を取得したことまでは公示されません。

登記申請書見本（法務局ホームページより引用）

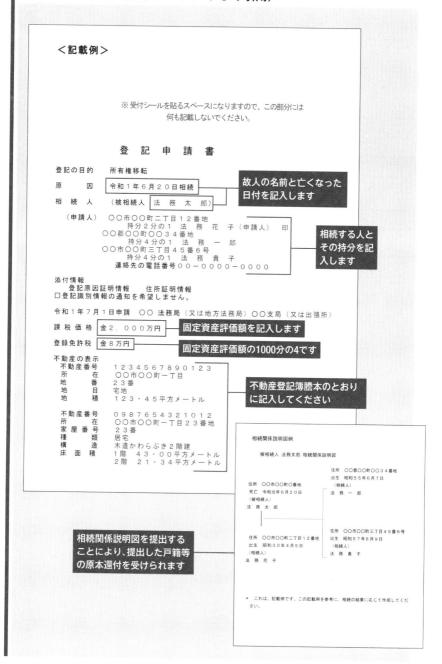

＜記載例＞

※受付シールを貼るスペースになりますので、この部分には
何も記載しないでください。

登　記　申　請　書

登記の目的　所有権移転

原　　　因　令和１年６月２０日相続
　　　　　　　　　　　　　　　　　　　故人の名前と亡くなった
　　　　　　　　　　　　　　　　　　　日付を記入します

相　続　人　（被相続人　法　務　太　郎）

（申請人）○○市○○町二丁目１２番地
　　　　　　持分２分の１　法　務　花　子（申請人）　印
　　　　　　○○郡○○町○○３４番地
　　　　　　　持分４分の１　法　務　一　郎　　　　　相続する人と
　　　　　　○○市○○町三丁目４５番６号　　　　　　その持分を記
　　　　　　　持分４分の１　法　務　貴　子　　　　　入します
　　　　　　連絡先の電話番号００－００００－００００

添付情報
　　登記原因証明情報　　住所証明情報
　□登記識別情報の通知を希望しません。

令和１年７月１日申請　　○○　法務局（又は地方法務局）○○支局（又は出張所）

課税価格　金２，０００万円　　　固定資産評価額を記入します

登録免許税　金８万円　　　固定資産評価額の1000分の4です

不動産の表示
　不動産番号　　１２３４５６７８９０１２３
　所　　在　　　○○市○○町一丁目
　地　　番　　　２３番
　地　　目　　　宅地　　　　　　　　　　不動産登記簿謄本のとおり
　地　　積　　　１２３・４５平方メートル　に記入してください

　不動産番号　　０９８７６５４３２１０１２
　所　　在　　　○○市○○町一丁目２３番地
　家屋番号　　　２３番
　種　　類　　　居宅
　構　　造　　　木造かわらぶき２階建
　床　面　積　　１階　４３・００平方メートル
　　　　　　　　２階　２１・３４平方メートル

相続関係説明図例

被相続人　法務太郎　相続関係説明図

　　　　　　　　　　　　　　　　住所　○○郡○○町○○３４番地
　　　　　　　　　　　　　　　　出生　昭和５５年６月７日
　　　　　　　　　　　　　　　　（相続人）
　　　　　　　　　　　　　　　　法　務　一　郎

住所　○○市○○町○番地
死亡　令和元年６月２０日
（被相続人）
法　務　太　郎

　　　　　　　　　　　　　　　　住所　○○市○○町三丁目４５番６号
　　　　　　　　　　　　　　　　出生　昭和５７年８月９日
　　　　　　　　　　　　　　　　（相続人）
住所　○○市○○町二丁目１２番地　　法　務　貴　子
出生　昭和３０年４月５日
（相続人）
法　務　花　子

相続関係説明図を提出する
ことにより、提出した戸籍等
の原本還付を受けられます

※　これは、記載例です。この記載例を参考に、相続の結果に応じて作成してくだ
さい。

186

車やバイクを相続する

| 対象 | 財産を取得した相続人 | 期限 | すみやかに | 相談先 | 陸運局 |

●自動車やバイクにも相続手続きが必要

相続する財産には、自動車や自動二輪（バイク）なども含まれます。自動車や自動二輪によっては価値が高く高級なものもありますから、誰が相続するのかを相続人全員で協議するようにしてください。話し合った結果は、遺産分割協議書にまとめ、記録を残しておきます。

相続人の間で協議がまとまったら、できるだけすみやかに相続手続きを行いましょう。ちなみに自動車の名義は、相続人1人ではなく共同の名義にすることもできます。

■自動車や自動二輪の移転登録申請

自動車や自動二輪（バイク）を相続する相続人は、まず陸運局で「**移転登録申請**」を行なってください。自動車と小型二輪の場合は陸運局で手続きを行いますが、原付の場合は市区町村役場で手続きを行います。ただし、自動二輪（原付）の場合は、相続する前に一旦廃車にしなくてはなりません。廃車手続きを行なった後に、改めて相続人が登録手続きを行う決まりです。

MEMO

自転車を相続する場合
場合によっては、自転車も相続品に含まれます。自転車の場合は、自動車や自動二輪のような移転登録などは不要ですが、相続人は改めて自転車防犯登録所のあるところで、防犯登録を行う必要があります。

● 自動車の相続における移転登録申請で必要なもの

自動車の相続の手続きは次の機関で行います。

提出先	管轄の陸運局
申請者	相続人
必要なもの	申請書、被相続人の死亡の事実が確認できる書類、自動車税申告書、遺産分割協議書、自動車検査証（車検証）、印鑑証明書、自動車保管場所証明書（車庫証明書）など
費用	手数料 500 円

移転登録申請書

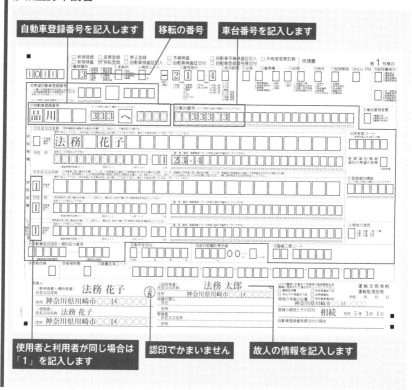

自動車登録番号を記入します

移転の番号

車台番号を記入します

使用者と利用者が同じ場合は「1」を記入します

認印でかまいません

故人の情報を記入します

188

ゴルフなどの会員権の相続

| 対象 | 財産を取得した相続人 | 期限 | なるべく早く |

| 相談先 | 各会社のお問い合わせ係 |

● 会員権等の相続

故人がゴルフクラブやリゾートホテルなどの会員権を所持していた場合、それぞれの会社の約款や規約に従って相続の手続きが必要です。

■預託金会員制（ゴルフクラブ）

預託金会員制とは、会員がクラブの理事会の承認を経て、ゴルフ場経営会社に一定の金額を預託金として納入する形のことをいいます。会員としての地位は、経営会社と会員との間の入会契約に基づきます。その主要な内容は以下のとおりです。

- 経営会社に対する預託金返還請求権
- 会員のゴルフ場施設利用権
- 会員に対する会費支払い請求権

故人がゴルフクラブの正会員の地位を有していた場合、これが相続の対象になるのかどうかですが、判例では、相続人が理事会に対して故人の正会員としての地位の承継について承認を求め、理事がこれを承認するならば、当該相続人が正会員の地位を確定的に取得するとあります。まずは経営会社に問い合わせてみましょう。

なお、ゴルフ会員権には、他に株主会員制、社団法人会員制などがあ

りますが、国内のほとんどのゴルフ場が預託金会員制となっています。

■**リゾートホテル・リゾートマンションについて**

　ゴルフクラブ会員権同様、名義書換手続きが必要となります。まずは物件の運営先に名義変更の意思表示をします。申請書の提出とともに、故人の死亡の事実が確認できる戸籍謄本、相続人の住民票や印鑑証明書などが必要になります。流れとしては、概ね次の要領となります。

> ①相続人からの申請
> ②名義書換手数料の振込
> ③入会資格審査
> ④名義書換

　この他、物件によっては不動産の所有権（共有持分）を持っていることがあるので、その場合は相続登記の手続きも必要となります。

MEMO

リゾートホテル会員権が「負動産」になってしまうことも……

バブル景気に乗じてリゾートホテル会員権を購入することが、一昔前に流行りました。今後、このリゾートホテル会員権を相続する人も増えてくるでしょう。

リゾートホテル会員は、土地やホテルなど建物の共有持分を持っていることになるので、固定資産税がかかってきます。会員権を所有しているだけで毎年会費や税がかかるので、「相続した会員権をなんとか放棄できないか」という相談がよくあります。

これがゴルフ会員権などであれば、流通業者に売ることが可能でしょう。気に入ったゴルフ場の会員権を買いたいというゴルフ好きの人が世の中にはたくさんいるからです。しかし、リゾートホテルの会員権については、買いたいという人がほとんどいないのが現状です。放棄するにしても登記が必要で、簡単ではありません。リゾートホテルを運営する会社に買い取ってもらう方法も考えられますが、バブル期ならともかく、転売できる見込みが少ないものを業者が買ってくれるでしょうか。これも「負動産」の一つの側面だといえます。

第6章 21 相続した不動産の処分と 相続土地国庫帰属制度

対象	土地を相続した相続人	期限	早めに
相談先	司法書士		

●不動産（居住用）の処分

　故人から相続した不動産にそのまま居住するのならば何の問題もないのですが、居住予定がないのならば、売却するか、そのまま所有して活用するかのどちらかを選ばなければなりません。**売却については、まずは不動産業者に査定をお願いするとよいでしょう。**大手の不動産業者ならば、ネームバリュー、横の繋がり（支店網）によるネットワーク、豊富な情報量を活かして、物件にもよりますが、早期の売却が期待できます。逆に、地元密着で営業しているいわゆる「地場業者」ならば、地元ならではのニッチなニーズに精通していますし、地元顧客との繋がりも強いので、大手業者にはないメリットがあります。

　そのまま所有する場合は、空家のままでは傷みも早いので、状態がよければ賃貸に出すことも考えられますが、築年数が経っている場合は、取り壊して更地にし、駐車場などで活用するのも一つの手です。

●不動産（収益物件）の処分

　故人がアパートやマンション、貸地などを所有していた場合は、賃料収入が安定しているのであれば、そのまま所有して活用するのもよいでしょう。ただ、その場合は日頃の不動産の管理、とりわけ**管理不動産会社との折衝が重要なポイント**となります。また、建物が老朽化してくれば修繕費用もかさむので、将来的な売却のタイミングを常に意識することが大事だといえます。

● 相続した土地を国が一定の条件の下で引き取る制度

　不動産を相続したものの、需要低下などさまざまな事情で売却も賃貸もできない場合、それは「負動産」となり、逆に相続人の足かせになってしまうケースが多々あります。相続をきっかけとして、思いがけず土地を取得した相続人の負担感から、管理が疎かになってしまう例も後を絶ちません。このような市民の声に対応し、令和5年4月27日より「相続等により取得した土地所有権の国庫への帰属に関する法律」に基づき、相続した土地を国が一定の条件の下で引き取る制度が始まります。これにより、**相続または遺贈により土地の所有権を取得した相続人が、土地を手放して国庫に帰属させることが可能となります。**大まかな手順は以下のとおりです。

土地を手放して国庫に帰属させる手順

1. 法務大臣に対する国庫帰属の承認申請
   （共有地の場合は、共有者全員で申請を行う必要があります）
2. 法務大臣（法務局）による要件審査・承認
3. 国が定めた10年分の土地管理費相当額の負担金納付
4. 国庫に帰属した土地を国が管理・処分

ただし、以下のような土地は承認申請をしても却下されてしまいます。

- 建物の建っている土地
- 抵当権などの担保が設定されている土地
- 他人による使用が予定される土地（通路など）
- 法令に定める有害物質により汚染されている土地
- 境界紛争など、所有権の存否・帰属又は範囲について争いがある土地

　この他、樹木その他の有体物が地上または地下に存する土地など、不承認要件も定められています。

その他の相続財産の処分

対象	当該財産を取得した相続人	期限	なるべく早く
相談先	各関係先		

● 株、有価証券の処分

預貯金と異なり、相場の上げ下げがあるので、そのまま所有するか売却するかのタイミングは非常に重要です。証券会社からは一定期間毎に運用報告書が送られてくるので、こまめに目を通し、値動きには注意をしておきましょう。また、運用益があれば確定申告が必要な場合もあります。必要に応じて税理士に相談することも検討すべきでしょう。

● 自動車の処分

名義変更をしてそのまま活用するのならば、自賠責保険、任意保険の切替も忘れないようにしましょう。売却する場合は、ディーラーの下取り、買取業者の一括査定などを活用して、少しでも高く売れるようにしたいところです。

● ゴルフクラブやリゾートホテルなどの会員権の処分

相続した人がそれらを利用する意思があるのならばいいのですが、そうでないなら、会費などの負担があるので、早急に売却を検討しましょう。運営会社に相談する他、インターネットで検索すると、それぞれ売却、買取の仲介業者が多数見つかるでしょう。まずは話を聞いてみるところから始めてみてください。

● 家財道具一式の処分

　故人の自宅を相続すると、家の中にある家財道具一式も一緒に相続します。一度でも引っ越しをした経験がある人ならわかると思いますが、その整理、処分は一仕事となります。**貴金属、パソコン、高級な着物など、換価できるものはそれ単体として遺産分割協議の対象となり得ます**が、それ以外のものについては、相続人が使わなければ処分の対象となります。

　処分するといっても、燃える（燃えない）ゴミの日にまとめて捨てられる程度であればさほど苦労はしませんが、本、DVD（CD）、服など、故人によっては大量に所持している場合もあります。また、電化製品、家具などは、専門の業者に処分を頼むと高くつくことも少なくありません。まずはそれぞれの買取業者をあたってみるのも一つの手です。特に古本などの中には、希少性の高いものもあるので、高く売れれば片付け費用の一部が賄えるかもしれません。あまり値段はつかなくとも、服などはリサイクルショップがまとめて引き取ってくれる場合もあります。また、寄付を受け付けている団体もあるようです。

こんなときは？

Q 相続した車をどう処分していいかわかりません。

A 車を買取に出す方法として最も知られているのが、インターネットで申し込みができる車買取会社の一括査定です。最近は中古車も不足気味なので、テレビ・ラジオなどでも買取業者のCMが盛んです。しかし、車買取の一括査定に申し込むと営業電話がしつこいため、利用したくても避けている人が多いと思います。また、実車を見せるまで査定金額がわからないということもままあるようです。さらには、成約時に取引手数料が発生することも少なくありません。
最近は「しつこい営業電話なし」をアピールして車買取の一括査定を展開している会社もあるので、各サイトをよく比較検討してみましょう。

第6章 23 相続税の申告書を作成する

対象	相続税の申告が必要な人
期限	亡くなってから10ヵ月以内
相談先	税理士

● 遺産分割協議書が完成したら

6-13により相続税の申告が必要となったら、いよいよ申告書を作成し、税務署に提出します。

相続税の申告書は、一般的には相続人全員が、故人が住んでいる住所を所轄する税務署に同じ申告書で提出します。申告期限及び納税の期限は、相続開始から10ヵ月後までです。

申告書の提出

税務署の検索	https://www.nta.go.jp/about/organization/access/map.htm
申告書用紙	https://www.nta.go.jp/taxes/tetsuzuki/shinsei/annai/sozoku-zoyo/annai/r04.htm
申告書への押印	不要（ただし、遺産分割協議書への押印は必要です）
申告	故人の住所の所轄税務署へ提出（電子申告も可能）

● 申告書を書く順番

申告書には右上に番号が振られています。各申告書にはそれぞれ役割がありますが、まずは第11表（相続税がかかる財産の明細書）を完成させます。各申告書には作成する順番があり、最終的に第1表（表紙）に記載されます。つまり、各表を完成させた後に第1表を完成させるという順番になります。

申告書を作成する順番（主なもの）

1		第11表（相続税がかかる財産の明細書）を完成させる 　下記の表を作成し、第11表へ転記する
	1	遺産分割協議書及びそれぞれ財産評価を行った明細書 　この財産、金額及び取得者を第11表に記載します。
	2	第9表（生命保険などの明細書）
	3	第10表（退職手当金等の明細書）
	4	第11・12表の付表1～4（小規模宅地等についての課税価格の計算明細書）
2		第15表（相続財産の種類別価額表）を完成させる 　第11表及び下記の表を作成し、第15表へ転記する
	1	第11表（上記により完成済み）
	2	第13表（債務及び葬式費用の明細書）
	3	第14表（相続開始前3年以内の贈与財産等）
3		第1表を作成する 　第11表及び下記の表を作成し、第1表へ転記する 　第15表と金額が一致するか確認をする
	1	第11表（上記により完成済み）
	2	第15表（上記により完成済み）
	3	第2表（相続税の総額の計算書）
4		それぞれ税額控除の表を完成させて、第1表に転記して完成する
	1	第4表（相続税額の加算金額の計算書）
	2	第5表（配偶者の税額軽減額の計算書）
	3	第6表（未成年者控除額・障害者控除額の計算書）
	4	第7表（相次相続控除額の計算書）
	5	第8表（外国税額控除額等の計算書）

※該当がない表については作成不要です。

申告書の記載例（相続人：妻、長女及び長男）

財産	金額	取得者
土地	8,000万円（330㎡）	妻（自宅）
建物	3,000万円（256.1㎡）	妻（自宅）
有価証券	1,000万円（1,000株）	長男

預貯金	1,700万円	妻
	1,750万円	長女
	2,750万円	長男
生命保険	2,000万円	長女
	2,000万円	長男
末払税金	550万円	妻
葬式費用	150万円	妻

● 相続税の納税をする

　相続税の申告書を作成したら納税の準備をし、納税を行います。

納税は申告期限と同様に、故人が亡くなってから10ヵ月以内に、現金による一括納付により行います。ただし、税務署の許可を得ることにより分割払い（延納といいます。6-24参照）及び相続財産での納付（物納といいます）も可能です。しかし、あくまでも税務署長の許可が必要であること、原則として不動産などの担保の提供がないと許可されないことが多くあることに注意が必要です。あくまでも**現金一括納付が原則である**ことを心得てください。

納付の方法

現金一括納付	現金による一括納付（原則）
延納	最大5年。 税務署長の許可及び担保の提供が必要（6-24参照）
物納 ※要件あり	・税務署長の許可が必要。 ・物納できる財産は相続財産に限られる ・財産の相続税評価額が収納価額となる ・物納できる財産は限られており、かつ順番が決まっている **順番** 1.　国債・地方債 2.　不動産・船舶 3.　株式等の有価証券 4.　動産（原則として1～3がない場合）

● 納付書を使って納付をする

　納税をする際には専用の納付書を使う必要があります。納付書は最寄りの税務署でもらえ、郵送で取り寄せることも可能です（返信用封筒の準備が必要です）。

● 遺産分割が整わない場合

　もし、遺産分割が申告期限までに終わらなかった場合には、いったん相続人がそれぞれの法定相続分で相続をしたものと仮定して相続税の申告を行います。これを、**未分割遺産の相続**といいます。

　未分割遺産がある場合には、税制上の優遇規定が受けられないものがあります。また、**遺産分割が終わらないと故人の預金を引き出すことができず、相続税を立て替えて支払わなければなりません**。

　ただし、申告期限までに未分割でも、**『申告期限後3年以内の分割見込書』を確定申告書とともに提出し、申告期限後3年以内に遺産分割ができれば、優遇規定を受けられるものがある**ので、申告期限までに分割できなくても安心です。

未分割遺産には適用できない優遇規定（一部抜粋）

優遇規定	3年以内に分割で適用できるか？
配偶者に対する税額軽減	○
小規模宅地等の評価減	
農地・非上場株式の納税猶予	×
物納	

相続税申告書（第1表）

故人の情報を記入します

相続税申告書（第1表）の記入例

船橋 税務署長

＿年＿月＿日提出

相続税の申告書

FD3561

相続開始年月日 令和3年8月28日

※申告期限延長日 ＿年＿月＿日

第1表（平成31年1月分以降用）

		各人の合計	財産を取得した人	参考として記載している場合
フリガナ		ユイ タロウ	ユイ ナミ	
氏名		結 太郎	結 那美	
個人番号又は法人番号				
生年月日		昭和7年1月1日（年齢89歳）	昭和10年2月2日（年齢86歳）	
住所（電話番号）		千葉県船橋市旭町2丁目XX−XX	〒273-0041 千葉県船橋市旭町2丁目XX−XX（ー047ー）	
被相続人との続柄 職業		無職	妻 無職	
取得原因		該当する取得原因を○で囲みます。	相続・遺贈・相続時精算課税に係る贈与	
整理番号				

課税価格の計算	取得財産の価額（第11表③）	①	183240000	103240000
	相続時精算課税適用財産の価額（第11の2表1⑦）	②		
	債務及び葬式費用の金額（第13表3⑦）	③	7000000	7000000
	純資産価額（①+②−③）（赤字のときは0）	④	176240000	96240000
	純資産価額に加算される暦年課税分の贈与財産価額（第14表1④）	⑤		
	課税価格（④+⑤）（1,000円未満切捨て）	⑥	176240000	96240000

各人の算出税額の計算	遺産に係る基礎控除額		3	48000000	
	相続税の総額	⑦		21060000	
	一般の場合（⑩の場合を除く）	あん分割合（各人の⑥／A）	⑧	1.00	0.5460735361
		算出税額（⑦×各人の⑧）	⑨	21059999	11503308
	農地等納税猶予の適用を受ける場合	算出税額（第3表⑧）	⑩		
	相続税額の2割加算が行われる場合の加算金額（第4表1⑦）		⑪		

各人の納付・還付税額の計算	税額控除	暦年課税分の贈与税額控除額（第4表の2⑤）	⑫		
		配偶者の税額軽減額（第5表⑤又は⑥）	⑬	11500308	11500308
		未成年者控除額（第6表1②、③又は⑥）	⑭		
		障害者控除額（第6表2②、③又は⑥）	⑮		
		相次相続控除額（第7表⑬又は⑱）	⑯		
		外国税額控除額（第8表1⑧）	⑰		
		計	⑱	11500308	11500308
	差引税額（⑨+⑪−⑱）又は（⑩+⑪−⑱）（赤字のときは0）		⑲	9559691	0
	相続時精算課税分の贈与税額控除額（第11の2表⑧）		⑳	00	0
	医療法人持分税額控除額（第8の4表2B）		㉑		
	小計（⑲−⑳−㉑）（黒字のときは100円未満切捨て）		㉒	9559600	0
	納税猶予税額（第8の8表⑧）		㉓	00	00
	申告納税額（㉒−㉓）	申告期限までに納付すべき税額	㉔	9559600	00
		還付される税額	㉕		

財産や相続税を記入します　　**相続人の申告内容を記入します**

□税理士法第30条の書面提出有

196〜197ページの例をもとに申告書の一部を作成しています。第1表の左側に故人の名前や生年月日等を記入し、全財産や納税額の合計額をそれぞれ記入していきます。

記入欄が足りない場合は、第1表（続）を使用して、全ての相続人の申告内容を記入します。この第1表に記入することで、記入した全ての相続人の申告書として有効になります。また、申告書への押印は不要です。

相続税申告書（第11表）

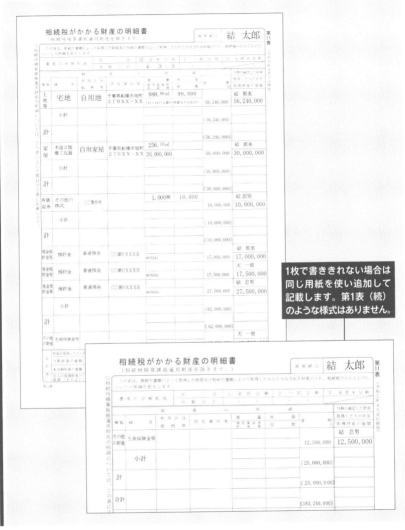

第11表には、相続又は遺贈により取得したすべての財産・評価額及び取得した者を記入します。なお第11表に記載する評価額は、**小規模宅地等の評価減や生命保険金・退職手当金等の非課税金額を控除した金額**を記入します。申告書の作成の順番は196ページを参考にしてください。全ての財産の記載ができたら、財産ごとに金額を集計し合計額を第15表に転記します。

相続税申告書（第13表）

債務及び葬式費用の明細書

被相続人　**結　太郎**

第13表（令和2年4月分以降用）

1　債務の明細

この表は、被相続人の債務について、その明細と負担する人の氏名及び金額を記入します。
なお、特別寄与者に対し相続人が支払う特別寄与料についても、これに準じて記入します。

債務の明細					負担することが確定した債務	
種類	細目	債権者 氏名又は名称 / 住所又は所在地	発生年月日 弁済期限	金額	負担する人 の氏名	負担する 金額
公租公課	固定資産税他	船橋市役所	3・1・1	5,500,000 円	結　那美	5,500,000 円
			・・			
		債務を記入します	・・			
			・・			
			・・			
			・・			
			・・			
合　計				5,500,000		

2　葬式費用の明細

この表は、被相続人の葬式に要した費用について、その明細と負担する人の氏名及び金額を記入します。

葬式費用の明細				負担することが確定した葬式費用	
支払先 氏名又は名称 / 住所又は所在地		支払年月日	金額	負担する人 の氏名	負担する 金額
○Xセレモニー		3・8・31	1,500,000 円	結　那美	1,500,000 円
葬式費用はここに記入します					
合　計			1,500,000		

3　債務及び葬式費用の合計額

債務などを承継した人の氏名		（各人の合計）	結　那美			
債務	負担することが確定した債務 ①	5,500,000 円	5,500,000 円	円	円	円
	負担することが確定していない債務 ②					
	計（①+②） ③	5,500,000	5,500,000			
葬式費用	負担することが確定した葬式費用 ④	1,500,000	1,500,000			
	負担することが確定していない葬式費用 ⑤					
	計（④+⑤） ⑥	1,500,000	1,500,000			
合計（③+⑥） ⑦		7,000,000	7,000,000			

(注)　1　各人の⑦欄の金額を第1表のその人の「債務及び葬式費用の金額⑦」欄に転記します。
　　　2　③、⑥及び⑦欄の金額を第15表の⑬、⑭及び⑮欄にそれぞれ転記します。

第13表

(資4-20-14-A4統一)

債務や葬式費用は第11表には書かずに第13表に記入します。香典として受け取った金銭には相続税が課税されないので支払った葬式費用をそのまま記入します。また、いわゆる**団信保険で相殺された借入金は、生命保険にも記入せず、債務控除にも記入しません。**

申告期限後3年以内分割見込書

通信日付印の年月日	（確　認）		番　　号
年　月　日			

被相続人の氏名　**結　太郎**

申告期限後3年以内の分割見込書

　相続税の申告書「第11表（相続税がかかる財産の明細書）」に記載されている財産のうち、まだ分割されていない財産については、申告書の提出期限後3年以内に分割する見込みです。

　なお、分割されていない理由及び分割の見込みの詳細は、次のとおりです。

　1　分割されていない理由
　　（例）
　　相続人と連絡が取れず、遺産分割協議が進まないため。

　2　分割の見込みの詳細
　　（例）
　　相続人の連絡先は判明しているので、連絡がつき次第、分割協議を進める予定です。

　3　適用を受けようとする特例等

　①　配偶者に対する相続税額の軽減（相続税法第19条の2第1項）
　②　小規模宅地等についての相続税の課税価格の計算の特例
　　　（租税特別措置法第69条の4第1項）
　⑶　特定計画山林についての相続税の課税価格の計算の特例
　　　（租税特別措置法第69条の5第1項）
　⑷　特定事業用資産についての相続税の課税価格の計算の特例
　　　（所得税法等の一部を改正する法律（平成21年法律第13号）による
　　　改正前の租税特別措置法第69条の5第1項）

（資4－21－A4統一）

相続税が払えない場合の延納制度

対象	相続税の申告が必要な人	期限	申告期限まで
相談先	税理士		

● 金銭一括納付が原則

6-23で説明したとおり、相続税は金銭での一括納付が大原則になります。ただ、相続財産が金銭以外の場合は金銭での納付が困難な場合があります。そのために、一括納付の特例として**延納制度**があります。また、分割できる期間は原則として5年間となります。

延納申請の要件

1. 相続税額が10万円を超えること。
2. 金銭で納付することを困難とする事由があり、かつ、その納付を困難とする金額の範囲内であること。
3. 延納税額および利子税の額に相当する担保を提供すること。（延納税額が100万円以下かつ延納期間が3年以下である場合は不要）
4. 申告期限までに、延納申請書に担保提供関係書類を添付して税務署長に提出すること。

● 利子税の納付

延納が認められ、毎年分割での納税となったら、分割税額に合わせて**利子税**を支払わなければなりません。利子税は相続した財産に応じて割合が決まっています。また、延納の期間も相続した財産に応じて決まっています。

利子税は原則として高いのですが、特例があり下記の表の右側の割合で計算した金額となります。

利子税の割合と最高延納期間

区分		延納期間（最高）	利子税（年割合）	特例割合（延納特例基準割合が0.9%の場合）
不動産等の割合が75%以上の場合	不動産等に対応する税額	20年	3.6%	0.4%
	上記以外の財産に対応する税額	10年	5.4%	0.6%
不動産等の割合が50％以上75％未満の場合	不動産等に対応する税額	15年	3.6%	0.4%
	上記以外の財産に対応する税額	10年	5.4%	0.6%
不動産等の割合が50%未満の場合	立木に対応する税額	5年	4.8%	0.5%
	立木以外の財産に対応する税額		6.0%	0.7%

●延納できる金額とは？

相続税の延納は、全ての納付を延期することはできません。納税額のうち「一時に支払える金額」を引いた残りの金額が、延納できる金額となります。

延納申請額の計算
延納申請額 = 相続税額 − 一時に支払える金額

なお、一時に支払える金額は、一般的に次の方法により計算します。

> 一時に支払える金額＝①＋②－③－④
> ①相続した現預金－承継した債務
> ②相続人固有の現預金
> ③相続人の3ヵ月分の生活費として計算した金額
> ④相続人の事業上の運転資金

●延納が見込まれるなら

　延納の他に物納の制度（6-23参照）もありますが、相続財産が現金を稼ぐ財産ならまだしも、自宅などの不動産は現金を生まないので、延納をしたとしても、その後相続人が相続税の延納分を稼がなくてはならず、相続人に負担がかかります。

　自分が死んだ際に延納・物納が見込まれるなら、自分の相続人等にその旨を伝えておいたほうが、相続のときに争いにならなくて済む場合が多いので、心得ておきましょう。

MEMO

専門家にアドバイスを求める
延納の申請書の書き方は複雑です。実際の記入は税務署や専門家のアドバイスを受けながら作成するとよいでしょう。また、十分な現預金があると認められる場合には、延納が認められないこともありますので、事前に税務署にて相談をすることをおすすめします。

遺留分侵害額を請求する

対象	遺留分を侵害された相続人		
期限	遺留分侵害の事実を知ってから1年	相談先	弁護士・司法書士

● 自分が相続から外されていたときに行う

　遺言で自分が相続から外されていたらどうすればよいでしょうか。そんなときのために、兄弟姉妹以外の相続人には、遺留分として、最低限相続できる分が保障されています。具体的には次のとおりです。

- 直系尊属（父母など）のみが相続人である場合→自身の相続分に3分の1を乗じた額
- それ以外の場合→自身の相続分に2分の1を乗じた額

　例えば、故人の相続人が配偶者と子2人の場合、故人が生前に「全ての財産を配偶者に相続させる」という遺言を遺していたら、子の一方は、自身の相続分4分の1に2分の1を乗じた額（$1/2 \times 1/4 = 1/8$）の遺留分を侵害者（配偶者）に請求することができます。

■生前の贈与について

　生前の贈与については、原則として相続開始前1年間にされたものに限って相続財産に持ち戻す（贈与した分の価額を相続財産価額に算入する）ことができますが、贈与の当事者双方が「遺留分権利者に損害を加えることを知って」贈与をしたときは、1年前の日より前のものであっても持ち戻し可能です。

● 遺留分侵害額に相当する金銭の支払いを請求する

　遺留分を侵害された人は、侵害した人（遺言により財産を相続した人）に対し、遺留分侵害額に相当する金銭の支払いを請求できます。これはいつ請求を行ったかを明確にするため、内容証明郵便で行うのが一般的です。もし侵害した人が請求に応じない場合は、遺留分侵害に基づく侵害額請求の家事調停の申立てをします。調停が不成立の場合は、訴訟を提起します。

　相続の開始及び遺留分を侵害する贈与または遺贈があったことを知ったときから1年間行使しなかった場合、遺留分侵害額の請求権は、時効により消滅します。相続開始のときから10年経過した場合も同様に消滅します。なお、相続放棄と異なり、家庭裁判所の許可を受ければ、相続の開始前でも遺留分の放棄ができます。

内容証明の例

遺留分侵害請求書

大分県東国東郡姫島村○丁目○番地
甲野一郎　　殿

　私の父、亡甲野太郎は令和○年○月○日に死亡し、貴殿は同人の遺言書により後記不動産を相続しました。しかしながら、貴殿の当該相続は当方の遺留分を侵害していますので、私は遺留分に基づき本書にて遺留分の侵害額の請求をいたしますので、その旨通知します。
　　　　　　　　　　　　記
土地建物目録（略）
　　　　　　　　　　　　　　　　　　　　　　　　　　　　以上

令和○年○月○日
大分県東国東郡姫島村○丁目○番地
甲野　二郎　㊞

第6章 26 相続税の修正をしなければならないときの手続き

対象	相続税の申告をした人、申告する必要になった人
期限	必要になったらすみやかに	**相談先**	税理士

●申告書に誤りがあるとき・申告しなければならなくなったとき

　申告書の提出期限は故人が亡くなってから10ヵ月以内に提出しなければなりません。一方、申告書を提出したあとに、申告の記載漏れや書き間違いなどで修正することになった場合、もしくは遺産分割が変わった場合や申告期限後に遺産分割が整った場合（6-23参照）には、一度提出した申告書を修正しなければなりません。また、申告期限後に遺産分割が整い、新たに相続税の申告をする場合にも、申告書を提出する必要があります。

　このときに作成する書類のうち、納税額が増える修正のための書類を**修正申告書**といい、また納税額が減る（還付を受ける）修正のための書類を**更正の請求書**といいます。また、申告書を提出していない人が期限後に提出する申告書を、**期限後申告書**といいます。

申告書を修正する書類の種類

場合	書類の名称
申告が必要になったとき	期限後申告書
納税額が増える修正のとき	修正申告書
納税額が減る修正のとき	更正の請求書

●利息（延滞税）と罰金（加算税）

　期限後申告、もしくは修正申告書を提出する場合には、本来の提出期限から実際に納税をした日までの延滞税（利息）がかかります。また条

件により加算税（罰金）を支払わなければならなくなります。ただし、遺産分割協議が3年以内に整った場合など、一定の場合には延滞税や加算税が免除、もしくは減額されることがあります。

　また、税務調査の後に出すこれらの書類は、通常の場合よりも納税が高くなります。

延滞税・加算税の種類

延滞税	納期限までに納付しないと課税	原則、年8.7%
無申告加算税	申告期限までに申告書を提出しないと課税	最大20％（10％）[※1]
過少申告加算税	当初の申告との税額の差額に課税	最大15％（－）[※2]
重加算税	課税逃れのために事実を仮装・隠ぺいした場合に課税	最大40％

※1　カッコ内は税務調査前の割合
※2　税務調査前は課税されません。

●誤りがあればやり直せばいい、知らなかったら申告すればいい

　人間誰しも誤りはあります。間違うことはそれほど問題ではありません。**間違いがわかったらすぐに間違いを正せば問題ありません。よくないのはそのまま放置してしまうことです**。修正後の延滞税も加算税も、それほど大きな負担にはなりません。

間違ったらやり直せば
問題ありません。
放置だけはしないように！

第 7 章

自分が死ぬ前の
準備をする

遺言の遺し方

相談先　弁護士、司法書士

● 遺言書を作る

　自分の死後、家族が揉めないために、遺言書を作っておくことを考える人も多いでしょう。**遺言は大きく分けると、自筆証書遺言、公正証書遺言、秘密証書遺言の3種類があります**。

■自筆証書遺言

　遺言者がその全文、日付及び氏名を「自署」して、印（認印でも可）を押さなければなりません。例外的に一部の財産目録（不動産の表示など）は自書しなくてもかまいませんが、代筆やパソコンで作成したものは認められません。また、数枚にわたる遺言は日付、署名、捺印は一枚にすれば足りますが、訂正には厳格な様式が求められます。

　なお、**遺言執行の際は、前提として家庭裁判所による検認手続きが必要です**。

■公正証書遺言

　証人2人以上（推定相続人は不可）が立ち会って、遺言者が公証人に対して遺言の内容を話し、それを公証人が筆記し、確認のためあらためて遺言者と証人に対して読み聞かせる方法で作成します。原則として公証役場で作成しますが、出向くことが難しい場合は、病院や老人ホームなどの施設にも出張してもらえます。**遺言執行の際は家庭裁判所による検認手続きは不要です**。

■秘密証書遺言

　遺言者が作成した証書に署名して印を押します。作成はパソコンでも

かまいません。そしてその証書を封筒に入れ、同じ印を押して封印をし、公証役場で公証人と証人2人以上の前で自身の遺言書であることを申し述べることにより成立します。また自筆証書遺言と同様に、遺言執行の際は前提として家庭裁判所による検認手続きが必要です。ただ、他の2つの方式に比べ、あまり利用されていないのが現状です。

	自筆証書遺言	公正証書遺言	秘密証書遺言
遺言を書く人	本人（自筆）	本人が口頭で伝えて公証人が書く	本人（パソコン可）
証人	不要	2人以上	2人以上
秘密性	封印をすれば○	×	○
紛失や改ざんの危険	あり	なし	なし？（100%ないとはいえない）

●遺言書作成のポイント

遺言書作成時には次のポイントに気をつけましょう。

- 誤記を防ぐため、不動産や銀行口座などについては目録（不動産登記簿謄本や通帳の写しなど）を活用する
- 混乱を防ぐため、推定相続人には「相続させる」と記載し、推定相続人以外の人（あるいは法人）には「遺贈する」と記載する
- 相続人の自身への貢献度、生前贈与なども考慮する
- 財産の記載漏れを防ぐため、「この遺言書に記載のない財産及び後日発見された財産は●●に相続させる」という一文を入れてもよい
- 遺言執行者は必ず決めておく（相続人がなってもかまいません）
- 特に遺留分については誰が相続人になるかによって変わるので、前章で充分確認すること

● 遺言書の例

　遺言書の例を紹介します。遺言者Xが、相続人である長男A、相続人でないBに対し、それぞれ財産を遺す場合の遺言書の一例です。

遺言書の例

遺　言　書

1．私は、自身の所有する別紙1の不動産を長男A（昭和○年○月○日生）に相続させる。

2．私は、自身の所有する別紙2の預貯金を次のものに遺贈する。

　　住所　　○○○○○○○○○○

　　氏名　　B　　　生年月日　昭和△年△月△日

3．私は、この遺言の遺言執行者として次のものを指定する。

　　住所　　△△△△△△△△△△

　　氏名　　C　　　生年月日　昭和●年●月●日

令和×年×月×日

　　　　　　　　　　　　　　　遺言者　X　㊞

自筆証書遺言書保管制度を使う

相談先 弁護士、司法書士

● 自筆証書遺言書保管制度について

7-1で解説したとおり、遺言書には大きく分けて3種類の形式がありますが、そのうちの一つ、自筆証書遺言書の保管制度が令和2年7月に開始しました。まだできたばかりの新しい制度ですが、費用の安さもあり、一定の需要が見込まれています。

自筆証書遺言は、公正証書遺言のように形式張らず、遺言者本人が法律に則って自書して署名捺印すればいいだけなので手軽に作成できます。そのうえ、法務局に保管を申し出れば、**公正証書遺言並みのメリット（家庭裁判所での検認手続きが不要となる）を付与される**のがポイントです。

法務局は、いわば大事な遺言書の「保管所」となります。事前予約の上、本人が法務局に出頭する必要はありますが、証人は必要ありません。なお、保管所となる法務局はホームページで確認してください。また、法務局（保管所）では遺言書の作成に関する相談には一切応じてもらえないので、注意が必要です。

● 自筆証書遺言保管の流れ

自筆証書遺言は次の流れで保管します。

自筆証書遺言保管の流れ

1 遺言書を作成する
通常の自筆証書遺言を作成する要領で作成します。

▼

2 保管の申請をする法務局（保管所）を決める
遺言者の住所地、遺言者の本籍地、遺言者が所有する不動産の所在地のいずれかを管轄する法務局（保管所）が対象となります。

▼

3 法務省ホームページから申請書の様式をダウンロードして、申請書を作成する
法務局（保管所）の窓口にも備え付けられています。

▼

4 保管の申請の予約をする
法務局（保管所）の予約専用ホームページにおける予約、法務局（保管所）への電話による予約、法務局（保管所）の窓口での予約、以上3つの方法があります。

▼

5 予約した日時に法務局（保管所）に出向き、保管の申請をする
親族や弁護士・司法書士など代理人による手続きは認められません。作成した遺言書、申請書の他、本籍及び筆頭者の記載のある住民票（3ヵ月以内発行）及び顔写真付きの本人確認書類（免許証等）が必要となります。手数料は3900円です。

▼

6 手続き終了後、保管証を受け取る
遺言者の氏名、生年月日、法務局（保管所）の名称及び保管番号が記載されています。

　手続き後、自身が預けた遺言書の閲覧をすることも可能ですし、遺言書を返してもらいたくなったら、保管の申請の撤回をすることもできます（撤回をしても遺言の効力に影響はありません）。また、法務局（保管所）に遺言書を預けたことを家族に伝えておくと、相続開始後に家族が行う、次の手続きがスムーズになります。

●遺言者が亡くなった後にできること

遺言者が亡くなったら、相続人等は以下のことが可能です。

「遺言書保管事実証明書」の交付請求	相続人等は、全国のどこの法務局（保管所）でも、遺言書が「預けられているか」確認することができます。費用は800円です。
「遺言書情報証明書」の交付請求	相続人等は、全国のどこの法務局（保管所）でも、遺言書の「内容の」証明書を取得することができます。費用は1400円です。
遺言書の閲覧請求	相続人等は、全国のどこの法務局（保管所）でも、モニターによる遺言の閲覧を請求できます。なお、原本の閲覧は、遺言書原本が保管されている法務局（保管所）でのみ閲覧が可能です。費用はモニター閲覧1400円、原本閲覧1700円です。

こんなときは？ ....

Q 遺言書にかかる情報の管理は、どのような方法によって行われるのでしょうか？

A 遺言書にかかる情報の管理は、磁気ディスクを以て調製する「遺言書保管ファイル」に、次の情報を記録することによって行われます。

---

①遺言書の画像情報
②遺言書に記載されている作成の年月日、遺言者の氏名、出生の年月日、住所及び本籍（外国人は国籍）、受遺者、遺言執行者の氏名または名称及び住所
③遺言書の保管を開始した年月日
④遺言書が保管されている遺言書保管所の名称及び保管番号
⑤遺言者の戸籍の筆頭に記載された者の氏名
⑥遺言書に記載された受遺者及び遺言執行者以外の者として申請書に記載された者の氏名または名称及び住所

エンディングノートを作る

相談先 弁護士、司法書士

● エンディングノートとは

エンディングノートという名前は聞いたことはあっても、どんなものかイメージがつきづらい方もいるかもしれません。

エンディングノートには遺言書のように法定拘束力はないものの、書くことで「いざというときに」自身の大切な人のために意思表示をすることが可能になります。

決まった項目があるわけではありませんが、これまでの人生を俯瞰して、自身の財産、介護、お葬式、お墓のことなどを、**元気なうちにきちんと準備をすることで、これからの人生を悔いなく過ごすことができるようになるのではないでしょうか。**

そうはいっても、エンディングノートはこれからの人生を「楽しむ」ためのものなので、そんなにかしこまって考える必要はありません。思い立ったときに、思い立った項目から書いていけばいいのです。場合によっては、大切な家族や友人と一緒に書いてみてもいいかもしれません。

● エンディングノートに書く項目の例

エンディングノートに書く項目は自由で、形式もどんなものでもかまいません。大学ノートでも、便せんでもいいと思います。

ある程度まとまった項目が書けたら、遺言のように、あとを託したい人にその存在を知らせておくのがいいでしょう。市販されているフォーマットもあります。ぜひ参考にしてみてください。

■エンディングノートに書く項目の例

エンディングノートに書く項目の例は以下のようになります。

- セカンドライフで何を目標にしたいのか
  趣味、家族サービス、地域活動などのライフワーク…など

- 介護が必要になったらどうしたいか
  自宅で診てもらいたい、認知症や要介護状態になったら施設を希望する…など

- 病気になったらどうしてほしいか
  告知を希望、延命治療、最期の時を迎える場所の希望…など

- お葬式の希望は
  誰に送ってもらいたいか、規模、宗教、遺影、戒名…など

- お墓について
  先祖代々のお墓があるのか、菩提寺はどこか、お墓の承継者は…など

- 形見について
  誰に分けたいか、生前に整理をしたいか…など

- 財産・保険について
  不動産、金融資産、生命保険など…など

生前贈与の活用

相談先 司法書士、税理士

●生前贈与を活用しよう

　贈与とは、「当事者の一方がある財産を無償で相手方に与える意思を表示し、相手方が受諾をすることによって、その効力を生ずる」ものをいいます（民法第549条）。「生前贈与」とは、文字どおり**生きている間に財産を残したい相手方に贈与すること**にほかなりません。贈与は意思能力さえあればできます。未成年者に対する贈与も可能です。逆に、認知症などで意思能力がない場合はできません。

■贈与の手続きはそれほど難しくない

　贈与自体はそれほど難しい手続きではありません。書面によらない贈与はそれぞれの当事者が解除をすることができる（民法第550条）ので、あとあとに証拠を残すためにも、贈与者と受贈者の両方の署名捺印と日付を記した**贈与契約書の作成は不可欠**です。

　なお、未成年者が受贈者になる場合は、親権者が代わりに署名捺印をすることがポイントです。

●贈与契約書の例

　贈与契約書の例を紹介します。次ページの例は、贈与者甲が自身の所持する不動産を受贈者乙に贈与をする場合を想定した贈与契約書になります。

贈与契約書の例

贈 与 契 約 書

甲と乙とは、贈与に関し、次の通り契約する。

第1条　甲は乙に対し、別紙物件目録（省略）記載の不動産
　　　　を贈与し、乙は、これを受諾した。

第2条　甲は乙に対し、令和4年○月○日贈与を原因とする
　　　　所有権移転登記手続きを行うものとする。

第3条　本件贈与に伴う費用は乙が負担するものとする。

以上、本契約を証するため、本書2通を作成し、甲乙各自署
名押印し、それぞれ1通ずつこれを保有する。

令和4年○月○日

　（贈与者）甲

　　　　＜住所＞　大分県東国東郡姫島村○丁目○番地

　　　　＜氏名＞　甲野一郎

　（受贈者）乙

　　　　＜住所＞　大分県東国東郡姫島村○丁目○番地

　　　　＜氏名＞　甲野二郎

生前贈与による贈与税を申告する

対象	贈与を受けた人	相談先	税理士
期限	贈与の年の翌年2月1日から3月15日まで		

●生前贈与も贈与税の申告が必要

　生前贈与（7-4を参考）を受けた人は、その年の翌年3月15日までに、税務署に贈与税の申告をしなければなりません。なお、**贈与税の計算方法は「暦年課税制度」と「相続時精算課税制度」の2通りがあります。**

●暦年課税制度

　暦年課税制度（以下『暦年課税』といいます）は、贈与を受ける人ごとに毎年110万円の基礎控除があります。基礎控除以下の贈与であれば申告をする必要がありません。なお、直系尊属からの贈与であれば、贈与税が下がる制度があります。

　贈与税は相続税逃れを防止するために作られた税金なので、一般的に相続税よりははるかに高い税金となります。他方、相続財産を減らすことができるので相続の際の遺産分割による争いをある程度回避できる点も特徴です。

贈与税の速算表（基礎控除110万円を控除した後の金額で計算）

課税価額	一般の贈与		直系尊属からの贈与	
	税率	控除額	税率	控除額
200万円以下	10%	－	10%	－
300万円以下	15%	10万円	15%	10万円
400万円以下	20%	25万円		
600万円以下	30%	65万円	20%	30万円
1,000万円以下	40%	125万円	30%	90万円
1,500万円以下	45%	175万円	40%	190万円
3,000万円以下	50%	250万円	45%	265万円
4,500万円以下	55%	400万円	50%	415万円
4,500万円超			55%	640万円

● 相続時精算課税制度

　相続時精算課税制度（以下、『精算課税』といいます）は、贈与税の本来の目的、すなわち相続税回避の罰という目的を逆手に取り、**生前贈与でも相続税の課税対象にするなら、贈与時には贈与税をかけない、もしくは安い贈与税で納税を済ませることができる制度です。**暦年課税の贈与税に比べてはるかに安い税金で済ませることができます。ただし、一度精算課税を利用してしまうと、以後の全ての贈与が相続税の課税対象となります（7ページも参考にしてください）。また、申告をすることで受けられる**相続税法上の特典（小規模宅地の評価減等）は、生前贈与財産に適用されない**こともポイントです。

　ただ、相続税がかからないと見込まれる家庭であれば、精算課税を利用した相続をすることで税金がかからず、かつ実際に相続になった場合に遺産分割による争いを避けることができます。

　なお精算課税は、贈与税の申告書とともに、『相続時精算課税選択届出書』を税務署に提出する必要があります。

　両方の制度を比較し、どちらかを有効に活用しましょう。

相続時精算課税選択届出書

提出する人の所轄税務署を
記入します

贈与を受けた本人の
氏名を記入します

相 続 時 精 算 課 税 選 択 届 出 書

税務署受付印

（二・令和２年分以降用）

令和＿＿年＿＿月＿＿日

別府　税務署長

受贈者	住所又は居所	〒872-1501 電話（ 000 - 000 - 0978 ） 大分県東国郡姫島村××××××
	フリガナ	アマ　　ヒトネ
	氏　名 （生年月日）	天　一根 （大・昭・平 32年 5月 5日）
	特定贈与者との続柄	長女

○　「相続時精算課税選択届出書」は、必要な添付書類とともに申告書第一表及び第二表と一緒に提出してください。

私は、下記の特定贈与者から令和 **4** 年中に贈与を受けた財産については、相続税法第21条の9
第1項の規定の適用を受けることとしましたので、下記の書類を添えて届け出ます。

贈与者の氏名を記入します

1　特定贈与者に関する事項

住　所 又は居所	千葉県船橋市旭町2-××-××
フリガナ	ムスビ　　ナミ
氏　名	結　那美
生年月日	明・大・昭・平 10年 2月 2日

2　年の途中で特定贈与者の推定相続人又は孫となった場合

| 推定相続人又は孫となった理由 | |
| 推定相続人又は孫となった年月日 | 令和　　　年　　　月　　　日 |

（注）孫が年の途中で特定贈与者の推定相続人となった場合で、推定相続人となった時前の特定贈与者からの贈与について
相続時精算課税の適用を受けるときには、記入は要しません。

3　添付書類

次の書類が必要となります。
なお、贈与を受けた日以後に作成されたものを提出してください。
（書類の添付がなされているか確認の上、□に✓印を記入してください。）

□　受贈者や特定贈与者の **戸籍の謄本又は抄本** その他の書類で、次の内容を証する書類
　（1）　受贈者の氏名、生年月日
　（2）　受贈者が特定贈与者の直系卑属である推定相続人又は孫であること
　（中）1　租税特別措置法第70条の6の8（個人の事業用資産についての贈与税の納税猶予及び免除）の適用を受ける
　　　特例事業受贈者が同法第70条の2の7（相続時精算課税適用者の特例）の適用を受ける場合には、「（1の内容を
　　　証する書類」、及び「その特例事業受贈者が特定贈与者からの贈与により租税特別措置法第70条の6の8第1
　　　項に規定する特例受贈事業用資産の取得をしたことを証する書類」となります。
　　　2　租税特別措置法第70条の7の5（非上場株式等についての贈与税の納税猶予及び免除の特例）の適用を受け
　　　る特例経営承継受贈者が同法第70条の2の8（相続時精算課税適用者の特例）の適用を受ける場合には、「（1）
　　　の内容を証する書類」、及び「その特例経営承継受贈者が特定贈与者からの贈与により租税特別措置法第70条の
　　　7の5第1項に規定する特例対象受贈非上場株式等の取得をしたことを証する書類」となります。

（注）この届出書の提出により、特定贈与者からの贈与については、特定贈与者に相続が開始するまで
相続時精算課税の適用が継続されるとともに、その贈与を受ける財産の価額は、相続税の課税価格に
加算されます（この届出書による相続時精算課税の選択は撤回することができません。）。

| 作成税理士 | | 電話番号 | |

| ※ | 税務署整理欄 | 届 出 番 号 | | 名　簿 | | | | | 確認 | |
| ※欄には記入しないでください。 | | | | | | | | | | （資5-42-A4統一）（令3.3） |

本人の戸籍謄本を合わせて提出します

暦年課税制度と相続時精算課税制度の比較

	暦年課税	精算課税	相続税
課税	贈与税課税	相続財産に合算の上相続税課税	相続税課税
贈与財産への相続税課税	相続開始前3年以内の贈与財産（還付あり）	精算課税適用後の全ての贈与財産（還付あり）	― （すでに納税している贈与税は還付）
小規模宅地等の適用	できない	できない	できる
遺産分割の対象	対象ではない※	対象ではない※	対象

※特別受益の相続分として相続分を縮小される場合がある（民法903条）

MEMO

相続開始前3年以内に行った贈与について

故人が亡くなった日から3年前までの期間に、もし相続人が故人から贈与により財産を取得していた場合は、その贈与を受けた財産は、たとえ暦年課税であっても相続税が課税されます。この場合、基礎控除以下であっても、その贈与を受けた財産の価額が相続税の課税対象になります（相続税法第19条）。

なお、その贈与財産に相続税が課税される場合で、贈与の際に贈与税を支払っている場合には、贈与税の還付を受けることができます。

なお、令和5年の税制改正により、相続税の課税対象となる贈与の期限が3年から7年になる予定です。改正は令和6年以降の贈与財産から適用されます。

相続税と贈与税のどちらも課税されては、たまったものではありませんからね

配偶者に自宅を贈与する

対象	婚姻期間が20年以上の夫婦	相談先	税理士
期限	婚姻期間が20年以上継続後いつでも		

●贈与税の特例

7-5で説明した通り、贈与税とは相続税を逃れる人への罰則的税金です。とはいえ、全ての贈与が罰則を受けるわけではありません。配偶者と一緒になり、長い期間をかけて家族と生活を共にしていく過程で形成した財産は、所得がある人だけの努力で得たものではなく、家族、特に配偶者の貢献があったからではないでしょうか。そこで贈与税は、**居住の用に供している財産（土地及び建物）を妻（または夫）に贈与した場合、一定金額までは贈与税を課税しない**こととなっています。これを『贈与税の配偶者控除』といいます。

●贈与税の配偶者控除とは？

贈与税の配偶者控除とは、以下の要件を満たす場合に、妻（もしくは夫）に対して居住用財産を贈与した場合には、その評価額のうち2,000万円を控除するという制度です。

贈与税の配偶者控除の要件

1. 夫婦の婚姻期間が20年を過ぎた後に贈与が行われたこと
2. 配偶者から贈与された財産が、居住用不動産であることまたは居住用不動産を取得するための金銭であること
3. 贈与を受けた年の翌年3月15日までに、贈与により取得した居

住用不動産または贈与を受けた金銭で取得した居住用不動産に、贈与を受けた者が現実に住んでおり、その後も引き続き住む見込みであること

●相続税が全くかからない？

　贈与税の配偶者控除（以下、単に「配偶者控除」といいます）は、単に贈与税が下がるだけではなく、その配偶者控除部分は**相続時精算課税（7-5参照）の様に、後で相続税を課せられることがありません**。また、通常、故人が亡くなる前3年以内に受け取った贈与財産には、相続税が課税されますが、それもありません。ただし、一生に一度しかこの制度を使うことができないので、使うなら2,000万円目一杯使うことがお得です。

　また、**贈与した部分は小規模宅地の特例（6-15を参照）が使えない**ので、土地の価額が高い居住用財産は、少し注意したいところです。

例1　2,000万円の贈与を受けて3,000万円の居住用不動産を購入した場合（夫から妻への贈与を想定していますが、逆も同じです）。

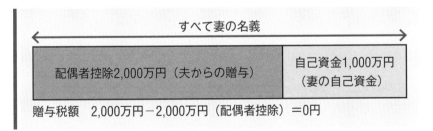

すべて妻の名義

| 配偶者控除2,000万円（夫からの贈与） | 自己資金1,000万円（妻の自己資金） |

贈与税額　2,000万円－2,000万円（配偶者控除）＝0円

例2 3,000万円の居住用財産の名義のうち、2,000万円部分を妻に名義変更した。

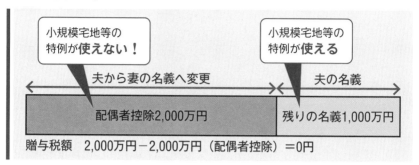

小規模宅地等の特例が**使えない！**

小規模宅地等の特例が**使える**

夫から妻の名義へ変更

夫の名義

配偶者控除2,000万円

残りの名義1,000万円

贈与税額　2,000万円－2,000万円（配偶者控除）＝0円

● 相続税の節税ポイントとデメリット

相続税の節税ポイントとデメリットの両方を知っておきましょう。

相続税の節税ポイント

- 相続開始前3年以内の贈与であっても、2,000万円の控除には贈与税が課税されない
- ご本人（贈与者）が亡くなった年でも贈与税の配偶者控除が使える
- 一般的に税金が高い現預金を減らして、不動産に変えることができる
- 相続財産全体を減らせるので、他の相続人の相続税も下がる
- 一生に一度しか使えない

相続税のデメリット

- 小規模宅地等の特例が使えない

こんなときは？

故人が死亡した年に、配偶者に対して贈与があった場合には、配偶者控除の適用を受けられますか？

贈与税の配偶者控除を受けることが可能です。この場合には贈与税の配偶者控除を受ける旨の申告が必要になるため、注意が必要です。

贈与税の非課税制度を使う

| 対象 | 財産を持つ人 | 期限 | 各制度の期限まで |

| 相談先 | 税理士 |

● 贈与税には多くの非課税制度がある

7-5で説明したとおり、贈与税とは相続税を逃れる人への罰則的税金です。他方、贈与税の配偶者控除（7-6を参照）のように、ある一定の目的のための贈与には贈与税がかからない、もしくは低い贈与税が課税される制度があります。ここでは、贈与税のかからない贈与制度について紹介します。

● 贈与税の配偶者控除（期限なし）

7-6で説明したとおり、配偶者への居住用不動産、もしくは居住用不動産を購入するための**金銭の贈与は2,000万円まで非課税**です。

● 住宅取得資金の贈与（令和5年12月末まで）

父母もしくは祖父母から20歳以上の子や孫が、住宅を取得もしくは増改築するために受けた金銭の贈与は、要件を満たせば500万円（省エネ住宅等である場合には1,000万円）まで贈与税がかかりません。ただし、住宅用財産の贈与を受けた場合にはこの規定の適用はありません。**贈与財産はあくまでも現金のみ**であることに注意が必要です。なお、要件や提出書類は複雑ですので、詳細については最寄りの税務署や税理士に相談してください。

受贈者（贈与を受けた者）の要件（一部抜粋）

1. 父母等の直系尊属からの贈与であること（養子縁組もOK）
2. 贈与を受けた年において18歳以上であること
3. 贈与を受けた年の所得が2,000万円以下[※1]であること
4. この規定の適用を受けたことがないこと
5. 住宅が親族等から取得したものではないこと
6. その取得した資金の全額を翌年3月15日までに住宅取得に充てて取得等すること
7. 贈与を受けたときに日本国内に住所を有し、かつ日本国籍を有すること
8. 翌年3月15日までに居住することもしくは居住することが確実と見込めること
9. 住宅取得資金の贈与を受ける旨の贈与税の申告をすること

※1　所得とは、所得税法に定める合計所得金額を指します。また住宅の面積が40㎡以上50㎡未満である場合には1,000万円以下になります。

住宅取得の場合（一部抜粋）

1. 新築の場合、床面積が40㎡以上240㎡以下であり、かつ1/2以上を住宅の用に供していること
2. 中古の場合、原則として築20年以内もしくは耐震基準等一定の要件を満たしていること

増改築の場合（一部抜粋）

1. 増改築をした後の床面積が40㎡以上240㎡以下であり、かつ1/2以上を住宅の用に供していること
2. 一定の工事に該当することついて証明がされたもの
3. 価額が100万円以上であり、費用の1/2以上を居住用部分に使うこと

●教育資金の一括贈与（令和8年3月末まで）

　祖父母等が孫の教育のために信託財産として拠出した金銭は、**その孫が30歳までに使い切れば贈与税はかかりません**。相続税も使った部分については課税されませんが、残っている部分のうち、相続開始前3年以内に拠出した金銭の一部は、相続税の課税対象になってしまうので注意が必要です。

　教育資金は、学校への学費・入学金・寮費・試験料はもちろんのこと、学習塾や通期定期代、留学費用も対象になります。さらに23歳までに支出すれば、スポーツや音楽等の文化芸術活動に関する費用も対象になります。手続きは最寄りの金融機関や証券会社にて行います。

●結婚・子育て資金の一括贈与（令和7年3月末まで）

　父母・祖父母が結婚・子育てのために20歳以上50歳未満の子や孫に信託財産として拠出した金銭は、**その子・孫が50歳までに使い切れば贈与税がかかりません**。

　結婚費用は、挙式費用はもちろん、転居のための費用や敷金等も対象になります。また子育て費用は分娩費用や保育料の他に不妊治療費用なども対象になります。なお手続きは最寄りの金融機関や証券会社にて行います。

●本来の贈与税の非課税も活用しよう

　教育資金や結婚・子育て資金の贈与は、適用を受けるために信託財産を形成したり手間がかかります。一方、**本来の非課税財産として、結婚・子育てのために支出する贈与は、親族間では一般的には非課税です**。ポイントは**あらかじめ渡すのではなく、費用が発生したときに渡すことです**。金融機関とお付き合いがない人や手間を嫌がる人などは、その都度費用を支払ってあげるとよいでしょう。

●非課税となる贈与まとめ

　最後に非課税となる贈与をまとめます。贈与税の非課税は、贈与税がかからないだけでなく、相続税も非課税となるものも多くあります。財産の状況と家族構成を考えて、贈与をうまく活用したいものです。

非課税となる贈与まとめ

名称	贈与者	受贈者	限度額	相続税への課税	手続場所	期限
贈与税の配偶者控除	配偶者がいる本人	婚姻期間20年以上の配偶者	2,000万円	なし	税務署	なし
住宅取得資金贈与の特例	父母又は祖父母	18歳以上の子供・孫など	500万円（省エネ住宅は1,000万円）	なし	税務署	令和5年12月31日まで
教育資金の贈与	父母又は祖父母	30歳未満の孫など	1,500万円	相続開始前3年以内の拠出には課税	金融機関	令和5年12月31日まで
結婚・子育て資金の贈与	父母又は祖父母	18歳以上50歳未満の子・孫など	1,000万円（結婚資金は300万円）	相続開始前3年以内の拠出には課税	金融機関	令和5年12月31日まで

こんなときは？

 Q 相続開始時に教育資金が残っていた場合の相続税はどうなりますか？

 A 故人が死亡時に、受贈者（贈与を受けた者）の教育資金が残っていた場合は、原則として相続税の課税対象になります。ただし、その受贈者が相続開始時において23歳未満である場合や、在学中である場合など、一定の場合には相続税はかかりません。

節税のために生命保険に入る

対象	財産を持つ人	期限	相続開始前まで

相談先	税理士

● 生命保険のメリット

生命保険に加入しておくと、相続上のさまざまなメリットがあります。最近では高齢になっても入れる生命保険もあるので、生命保険のメリットを確認しておきましょう。

生命保険の3つのメリット
1. 相続税が安くなる（生命保険金の非課税限度額が使える）
2. すぐに現金が手に入る
3. 故人の遺産でなく、受取人の財産にできる

メリット① 相続税が安くなる

故人が亡くなったとき、故人が被保険者（生命保険の対象となる人をいいます）、かつ保険料を支払っている死亡保険金を相続人が受け取ると、その死亡保険金は相続税の課税対象となります。一般的に生命保険は万が一亡くなった場合の遺族の生活保障のために入ります。そこで相続税は、残された遺族の生活のために一定の金額を非課税としています。その非課税の金額を**生命保険金の非課税限度額**といいます。

生命保険の非課税限度額は、相続人の数×500万円で計算します。養子がいる場合は原則として1名のみ加算できます。1名だけでも500万円の控除が可能になります。養子がいる場合には生命保険の加入をぜひ検討しましょう。

メリット② すぐに現金が手に入る

　通常、相続が始まると故人の預貯金は自由に引き出すことができないので、葬儀の費用などすぐに必要な現金を用意できなくなる場合があります。生命保険金は故人の遺産ではないので、受取人が保険会社に請求すれば、**通常4〜5営業日程度で受取人の口座に入金される**ので便利です。

メリット③ 故人の遺産でなく、受取人の財産にできる

　生命保険金の保険料を負担するのは故人ですが、民法上故人の遺産にはならず、保険金は受取人のものになります。ですので、**相続人でない方へ財産を渡したり、相続を放棄した方へ財産を渡すことが可能**です。また、相続人でない甥や姪、相続人の配偶者など老後の面倒を見てくれた方にも財産を残せるので、あなたの意思を形にして残せるでしょう。

■死亡保険加入の意向を家族に伝える

　生命保険の活用方法は上記の通り多くありますが、他方、**生命保険に入りたいと思っていても年齢や自身の病歴により加入できる場合とできない場合があああります。**生命保険に加入する際には保険代理店の方とよく相談するようにしましょう。

　ただ、保険の種類はたくさんあり、また内容も複雑なので、信頼できる家族や専門家と一緒に話を聞くことをおすすめします。また、誰にいくら死亡保険金を渡したいかをあらかじめ伝えておけば、不要な争いを避けることができるかもしれません。

相続税の節税を考える

対象	全ての相続人	期限	相続が始まる前

相談先	税理士

● 相続税節税の3つのポイント

　誰しもできるだけ税金を払いたくないと思うものです。相続税・贈与税はほとんどの人があまり経験したことがない納税額を支払うことが多いので、人によっては怖いと感じるかもしれません。本書では手続きを中心に紹介してきましたが、ここでは趣向を変えて、相続税の節税を考えてみたいと思います。相続税を減らすには3つのポイントがあります。

相続税を減らす3つのポイント

1. 相続財産を減らす（贈与税の優遇税制を活用する）
2. 現預金を減らす
3. 相続税の優遇規定を活用する

ポイント① 相続財産を減らす（贈与税の優遇税制を活用する）

　相続税を減らす第一は、何より遺産を減らすことです。相続税は故人が有する全ての財産が課税の対象になるので、財産を減らすことが一番の節税になります。

　また、贈与税の優遇規定を活用した生前贈与も有効です。ただし、優遇規定は制度がよく変わるので、規定の適用については制度を十分に確認してください。

贈与税の優遇規定（7-7を参照）

1. 贈与税の配偶者控除
2. 住宅取得資金の贈与
3. 教育資金の一括贈与
4. 結婚・子育て資金の一括贈与

ポイント② 現預金を減らす

　次に現預金を減らすことです。現預金は額面金額が評価額となります。他方、土地や建物は時価での評価となります。時価は絶えず変動しますが、通常の売買価額より低い価額で評価されることが多いです。ただその逆もあるので一概にはいえませんが、必要な資産があれば現金でなく資産で保有することも検討しましょう。

ポイント③ 相続税の優遇規定を活用する

　さらに相続税の優遇規定を知ることも重要です。ここで覚えておくべき優遇規定は以下の3つです。

相続税の優遇規定

1. 小規模宅地等の評価減
2. 配偶者に対する税額軽減
3. 生命保険金・退職手当金等の非課税金額

●家族を取るか、節税を取るか？

　上記では相続税の節税を紹介しましたが、これらの規定を果たして全て実行できるでしょうか。そもそも**財産を残す方には家族があり、今の家族の生活を守るための資金が必要です**。相続税を払いたくないがために、大事な現金をおいそれと手放すでしょうか。また、不義理をする家

族のために財産を贈与しようと思うでしょうか。財産の前には人がいて、人には意思や気持ち・思いがあります。**意思・思いを犠牲にしてまでの節税はあり得ません**。また、制度を活用するためには**家族の協力が不可欠**ですから、相続税の節税を考えるときは、以下のポイントを十分検討する必要があります。むしろ、**この順序で進めていかないと相続税の節税はできない**といっても過言ではありません。

相続税の節税を考えるポイント

- 財産を残す人や相続人同士が争いをしない
- 相続税を納税できる現預金を十分用意する
- 節税のための施策を講じる

　これらを達成するためには、**家族とのコミュニケーション、自らの思いを常に伝える**必要があります。また、**相続税が払えないと、残された家族に多くの苦労を掛け**、要らぬ借金や代々預かってきた資産を手放す結果となります。そのためには相続税の資金に目途をつけておくことが非常に重要です。

　全て万全に整えば、家族の理解のもと、しっかり相続税対策をすることができることでしょう。

おわりに

　いかがでしょう、一人の人生の終焉によって生じる手続きは膨大であり、この本を書いている張本人ですら、それらの手続きを一般の方が自身で全て担うにはあまりに荷が重いと感じざるを得ません。皆さんそれぞれ自分の仕事もあれば家庭もあります。それでも各手続きの期限は容赦なく迫ってきます。

　この本は、『いちばんやさしい 身近な人が亡くなった後の手続き・届け出』と謳っていますが、見方を変えれば、これらの手続きを全て自身でする必要はないとおわかりになったと思います。もちろん自身でできる時間と気力があればやってみるのもいいですが、思い切って一部を専門家に依頼して、「時間と安心をお金で買う」決断も大事なのではないでしょうか。この本では、誌面の都合もあり、項目によっては手続きの概略しか記載できていないものもあります。今ではインターネットも普及していますので、お近くの専門家を是非探してみてください。そして納得がいくまで話を聞いてみてください。依頼するしないはそれから決めても決して遅くはありません。どうか一人で抱え込まないでください。

司法書士・西尾浩一

　執筆のお話を頂いた際、私は前年に父を亡くしたばかりでした。年齢的には、早過ぎる別れ、ではなかったように思います。それでも、準備は十分ではありませんでした。残された家族は、心の整理が追いつかないまま、多くのことを理解し、判断し、決定してゆかねばなりませんでした。そんな時、ありがたかったのは、経験者としての情報を、惜しみなく教えてくれた友人でした。大事な方を亡くした皆様にとって、この本が、皆様の心に寄り添いながら先を案内する、温かく優しい友人のような存在になることを心から願っております。

特定社会保険労務士・石倉雅恵

阿部尚武（あべ・なおたけ）

1971年、千葉県千葉市生まれ。小学校時代からゲームセンターに入り浸り、PC
プログラムを勉強しながら将来ゲームデザイナーを志すも、大学入学後一転し
て税理士を目指す。就職後も勉強を続け、結婚・子どもの誕生を経て2002年
に税理士登録する。
インターネットにいち早く着目し、当時まだ千葉県内でホームページを持つ税
理士が11人しかいなかった中で、すぐにドメインを取りHPを公開。またVPN
を使った会計帳簿システムをいち早く採用し、自社サーバーで顧客とのデータ
共有を実現し顧問先の自計化率を飛躍的に向上させる。また法人のみならず、
父から引き継いだ顧問先の事業承継に積極的に取り組みつつ、相続税の申告を
年15件以上受任し、法人税・所得税・消費税・相続税の横断的節税提案を強
みに顧問先に質の高いサービスを提供している。

西尾浩一（にしお・こういち）

1971年愛知県生まれ。千葉大学園芸学部に入学後、バブル崩壊。就職氷河期
のさなか、研究職に就きたくて大学院を目指すが、経済的事情で断念。生活維
持のために入社した流通系企業で、各種ノルマに追われる日々を過ごしていた
が、閉塞状況を打破すべく、司法書士になることを決意し、2004年の試験に
合格。その後10年ほど千葉市中央区の大手司法書士法人にて実務経験を積み、
2014年の9月に「司法書士やまゆり総合法務事務所」を千葉市稲毛区に設立。
各種相続手続、成年後見業務を軸に、地元貢献・地元密着をモットーに日々依
頼者の相談に乗っている。

石倉雅恵（いしくら・まさえ）

奈良県斑鳩町生まれ。父の転勤に伴い、愛知県春日井市、兵庫県宝塚市、伊丹
市、千葉県鎌ケ谷市、松戸市等を転々としながら育つ。早稲田大学第一文学部
中国文学専修卒業。民営化間もないNTTに入社。結婚後、三児に恵まれ、退職。
末っ子出産の翌年、社会保険労務士に合格、開業に至る。管理職が知っておく
べき労働法研修、被害者も加害者も作らないハラスメント研修、ワーク・ライ
フ・バランス研修、社会人基礎力研修等の研修講師を得意とする。働き方改革
や女性活躍等に取組む企業の支援に、獅子奮迅中。

イラスト●石井朋美
DTPデザイン●宮下晴樹（ケイズプロダクション）
執筆協力●西田かおり
編集協力●山田稔（ケイズプロダクション）・大波ゆき
編集担当●梅津愛美（ナツメ出版企画株式会社）

本書に関するお問い合わせは、書名・発行日・該当ページを明記の上、下記のいずれかの方法にてお送りください。電話でのお問い合わせはお受けしておりません。
・ナツメ社webサイトの問い合わせフォーム
　https://www.natsume.co.jp/contact
・FAX（03-3291-1305）
・郵送（下記、ナツメ出版企画株式会社宛て）
なお、回答までに日にちをいただく場合があります。正誤のお問い合わせ以外の書籍内容に関する解説や法律相談・税務相談は、一切行っておりません。あらかじめご了承ください。

ナツメ社Webサイト
https://www.natsume.co.jp
書籍の最新情報（正誤情報を含む）は
ナツメ社Webサイトをご覧ください。

いちばんやさしい
身近な人が亡くなった後の手続き・届け出

2023年4月3日　初版発行

著　者　阿部尚武　　　　　　　　　　　©Abe Naotake,2023
　　　　西尾浩一　　　　　　　　　　　©Nishio Koichi,2023
　　　　石倉雅恵　　　　　　　　　　　©Ishikura Masae,2023
発行者　田村正隆
発行所　株式会社ナツメ社
　　　　東京都千代田区神田神保町1-52 ナツメ社ビル1F（〒101-0051）
　　　　電話　03（3291）1257（代表）　　FAX　03（3291）5761
　　　　振替　00130-1-58661
制　作　ナツメ出版企画株式会社
　　　　東京都千代田区神田神保町1-52 ナツメ社ビル3F（〒101-0051）
　　　　電話　03（3295）3921（代表）
印刷所　ラン印刷社

ISBN978-4-8163-7347-3　　　　　　　　　　　　　　Printed in Japan

〈定価はカバーに表示してあります〉
〈乱丁・落丁本はお取り替えします〉